일제침탈사 05
바로알기

아직도 끝나지 않은 식민지 피해

-야스쿠니신사 문제-

• 남상구 지음 •

동북아역사재단
NORTHEAST ASIAN HISTORY FOUNDATION

발간사

일본제국주의의 식민 침탈에서 벗어난 지 75년이 되었지만, 그 역사가 아직도 한일 관계에서 큰 걸림돌로 작용하고 있습니다. 21세기에 들어 일본 정부의 독도 영유권 주장은 점차 도를 더해가고 있으며, 최근에는 일제의 강제동원 문제와 한국 대법원 판결, 일본군'위안부' 문제 해결 방안 등으로 갈등이 불거졌습니다. 급기야 그 불이 무역 분쟁, 안보 문제까지 옮겨 붙었습니다.

한일 간의 역사 문제는 우선 '식민 지배'라는 역사를 어떻게 볼 것인가 하는 역사인식에서 기인합니다. 우리는 언제나 오늘날의 입장에서 과거의 역사를 바라보고, 다시 미래로 나아갑니다. 과거 침략의 역사를 미화하면서 평화로운 미래를 얘기하는 것은 불가능합니다. 식민 지배로 인한 잘못을 인정하고 반성하지 않으면 다시 전쟁이 일어날 위험성이 있고, 인권을 존중하지 않는 군국주의 부활을 획책할 수도 있습니다. 따라서 역사를 보는 미래지향적 인식이 필요하고, 이를 한일 양국이 공유해야 할 것입니다.

다음, 지금의 한일 역사 문제는 '과거'의 '사실'이 명확하게 규명되지 않은 것에서 연유한 점이 있습니다. 해방된 이후, 일제 강점기에 대한 개인적인 연구는 다수 이루어졌으나, 학계나 정부 차원에서 식민 지배의 실상을 체계적으로 연구 정리하고, 관계되는 자료집을 모아 정리하지 못하였습니다. 지금까지 항일, 독립운동사에 대한 연구와 자료집은 많이 출간되었지만, 일제의 통치 자체를 정리하지 못한 것입니다.

또한 일제의 식민 침탈의 실상을 국민에게 알리고 교육하는 것도 체계적이지 않았습니다. 초등학교에서 고등학교에 이르는 학교의 역사교육은 나름

대로 성과가 있었지만, 일반 시민교육에는 사실 무관심하였습니다. 그러자 최근에는 일제의 한반도 강점과 식민 지배로 인한 피해를 부정하는 인식 아래 일제 강점기에 한반도가 근대화되었고, 수탈이나 강제동원은 꾸며진 이야기라고 주장하는 책이 시중에 나오기도 했습니다. 역사인식이 명확하지 않았던 일부 국민들이 여기에 호기심을 가졌고, 또한 이를 넘어 찬동하는 사태도 일어났습니다. 이런 책에서 부정한 것은 일제 침탈의 역사뿐만 아니라 항일독립운동의 역사, 나아가 우리 민족사 전체입니다.

우리 학계는 일찍부터 일제 침탈의 역사를 체계적 · 객관적으로 정리해야 한다는 점을 잘 알고 있었지만, 차일피일 미루다가 너무 많은 시간이 흘렀습니다. 이에, 더 늦기 전에 우리 재단이 중심이 되어 한국 학계의 힘을 모아 일제침탈사 연구를 집대성하고, 관련된 자료를 수집하여 체계적으로 정리하고, 일제 침탈 실상을 바로 알리기 위한 국민 대상의 교양서 발간을 기획하게 되었습니다. 2020년부터 사업을 시작하였고, 앞으로 몇 년에 걸쳐 이를 수행할 예정입니다. 일제침탈사 편찬사업은 크게 세 부분으로 나누어 (1)일제 침탈의 전모를 학문적으로 정리한 연구총서(50권), (2)문호개방 이후 일제 강점기에 이르는 기간의 일제침탈 자료총서(100여 권), 그리고 (3)일반 국민이 일체 침탈을 올바르게 알 수 있는 주제를 쉽게 풀어쓴 교양총서(70여 권)로 구성하고자 합니다.

그동안 일제의 침탈상을 밝히려는 연구가 없었던 것은 아닙니다. 관련 자료집도 여러 방면에서 편찬된 바 있습니다. 그러나 모든 분야를 망라하여 학계의 연구 성과를 종합하고 관련 자료를 편찬하는 일은 이번이 처음입니다.

무엇보다 일반 시민들이 과거 제국주의 시대 우리가 겪었던 침략과 수탈의 역사를 또렷하게 직시할 수 있게 하는 종합 자료집은 드물었습니다. 따라서 정치 · 경제 · 사회 · 문화 등 모든 방면에 걸쳐 침탈의 역사를 알기 쉽게 기록하고 그에 대응한 자료를 모아 번역함으로써 시민들에게 일제 식민 지배의 실체와 침탈의 실상을 전하고자 합니다.

일본의 침략전쟁에 많은 한국인들이 군인과 군대에서 일을 하는 군무원으로 동원되었고 2만 명이 넘는 사람들이 희생되었습니다. 그런데 야스쿠니신사는 해방이 된 지 75년이 지난 지금도 이들 한국인 피해자를 일본을 위해 싸우다 죽었다고 주장하고 있습니다. 가족을 야스쿠니신사의 신으로 모시는 것은 고인과 유족에 대한 인권침해라며 이를 중단해 달라는 유족의 요구는 무시당하고 있습니다. 이 책은 아직도 끝나지 않은 식민지 피해라는 관점에서 야스쿠니신사 문제의 역사적 경위와 현황을 정리했습니다. 야스쿠니신사에 합사된 피해자는 스스로 이 문제를 해결할 수가 없습니다. 그들은 이미 이 세상 사람이 아니기 때문입니다. 우리가 그들을 기억하고 유족의 아픔에 공감하는 것이 야스쿠니신사 문제를 해결하는 첫길음일 것입니다. 이 책이 그 첫걸음에 조금이나마 기여할 수 있기를 바랍니다.

2020년 12월

동북아역사재단 이사장

목차

※ 이 책은 『20개 주제로 본 한일 역사 쟁점』(남상구 편, 2019, 동북아역사재단), 『식민 청산과 야스쿠니』(남상구 편, 2019, 동북아역사재단)를 《일제침탈사 바로알기》의 취지에 맞게 수정·가필했다.

1

해방 75년,
그들은 왜 야스쿠니신사와 싸우고 있는가

경기도 강화군 송화면의 이사현은 1944년 2월 일본 육군의 군무원으로 징용당했다. 군무원은 당시에는 군속으로 불렸는데 부대에 소속되어 물자를 운반하는 등의 일을 했다. 그의 나이 스물 셋이었다. 그가 막 돌이 지난 딸의 얼굴을 본 것은 그게 마지막이었다. 그는 1945년 6월 중국에서 사망했다. 1959년 4월 야스쿠니신사는 그를 합사했다. 여러 사람을 함께 신으로 모시는 것을 합사라고 한다. 야스쿠니신사는 이사현이 일본을 위해, 천황을 위해 전쟁에서 싸우다 죽었기 때문에 합사했다고 주장한다.

일본은 이사현의 사망 사실도 야스쿠니신사 합사 사실도 그 가족에게 알리지 않았다. 이사현의 딸 이희자는 아버지의 흔적을 찾아 나섰다. 그는 1994년 천안 '망향의 동산'에 아무런 글도 새기지 않은 아버지 비석을 세웠다. 돌아가신 날짜와 장소 외에는 아는 것이 없었기 때문에 좀 더 자

천안 망향의 동산에 있는 아버지 묘를 찾은 이희자.
출처: 이희자

세한 기록을 찾아 그 내용까지 새기고 싶었다. 또 아버지를 죽음으로 몰아넣은 일본 정부의 사죄를 받은 후에 이름을 새기는 것이 자식으로서 도리를 다하는 것이라고 생각했기 때문이다. 그러나 지금까지도 비석은 처음 세웠던 그대로 비어 있다. 여러 가지 기록은 찾았고 일본 정부와 야스쿠니신사를 상대로 일본 법정에서 싸웠다. 하지만 일본은 아버지를 끌고 간 데 대한 사죄는커녕 아직도 야스쿠니신사에 일본을 위해 싸우다 죽었다는 명목으로 신으로 모시고 있다. 야스쿠니신사에서 아버지의 이름을 삭제한 후에 떳떳하게 비석에 글을 새기는 게 소원이다.

여기 빛바랜 사진이 한 장 있다. 야스쿠니신사와 일본 정부를 상대로 합사 철폐 소송을 하고 있는 원고 이명구의 아버지 이낙호의 사진이다.

야스쿠니신사 무단합사 철폐소송 원고 이명구의 아버지 이낙호 사진.

출처: 태평양전쟁보상추진협의회

일본 법원 앞에서 야스쿠니신사 무단합사의 문제점을 호소하는 이명구.

이낙호는 1944년 1월 육군 군무원으로 동원되었다가 1945년 4월 팔라우에서 사망했다. 그리고 1959년 4월 야스쿠니신사에 합사되었다.

이명구는 아버지가 야스쿠니신사에 합사된 사실을 전혀 모르고 있었다. 아버지의 사망 통보조차 받지 못했다. 그에게 남은 것은 얼굴을 알아보기 어려울 정도로 바랜 아버지 사진 한 장뿐이다. 아버지의 이름을 야스쿠니신사에서 빼내지 못한 게 죄송스럽고 괴로울 따름이다. 앞으로 얼마나 더 살 수 있을지 모르겠으나 살아있는 동안에 꼭 이루고 싶은 게 있다면 야스쿠니신사에서 아버지 이름을 빼는 것이다. 그래야 억울하게 돌아가신 아버지를 편안한 마음으로 기억할 수 있을 것 같다.

사람들은 1945년에 전쟁이 끝나고 해방이 되었다고 말하지만, 누군가에게 식민지는 아직도 진행형이다. 아버지가 누렸어야 할 삶의 권리를 일본이 빼앗아갔다. 아버지를 조용하게 기억할 권리를 야스쿠니신사에 빼앗겼다.

해방된 지 75년이 지났다. 그런데 왜 아직도 '침략신사'라 불리는 야스쿠니신사에 한국인 강제동원 피해자가 신으로 모셔져 있는 것일까? 왜 유족들은 야스쿠니신사가 아버지의 합사를 철회하지 않는 한 진정한 해방은 오지 않는다고 말하는 것일까? 이 문제를 해결하기 위해 우리는 무엇을 해야 할까? 이 책에서는 이러한 물음에 대한 답을 찾아보려고 한다. 야스쿠니신사에 합사된 피해자들은 스스로 이 문제를 해결할 수도 아픔을 이야기할 수도 없다. 우리가 그들의 아픔에 공감하고 그들을 대신하여 이야기할 수밖에 없다. 이것이 문제를 해결하기 위한 첫걸음이다.

2

야스쿠니신사의 기원

일본인들은 고대부터 동물이나 식물 등 자연을 신성한 존재로 믿었다. 위대한 인물을 신으로 모시기도 한다. 이것이 일본의 토착종교인 신도다. 신도에서 신을 모시는 시설이 신사다. 신도는 일본인들의 일상생활과 밀접한 관계를 맺고 있다. 일본에는 현재 8만 개가 넘는 신사가 있다. 일본인들은 그곳에서 건강하기를 바라고 소원이 이루어지기를 기원한다. 따라서 신사 그 자체가 문제가 되는 것은 아니다.

하지만 야스쿠니신사는 이러한 신사들과는 전혀 다른 성격을 갖고 있다. 야스쿠니신사는 1853년 이후 일본의 정치변동 과정에서 정치적 목적을 달성하기 위해 만들어진 신사였다.

일본을 통일한 도쿠가와 이에야스(德川家康)는 1603년 조정(천황)에서 '정이대장군(征夷大將軍)'이라는 관직을 받았다. 이 관직은 도쿠가와 막부에 계승되었다. 조정은 상징적인 권위를 가질 뿐으로 정치에는 관여하지 못했다. 도쿠가와 막부는 조선과 류큐, 네덜란드 등 몇 나라와만 제한적으로 교류했다. 1853년 6월 미국의 페리 제독이 군함 4척을 이끌고 일본에 와서 개항을 요구했다. 고메이(孝明) 천황은 정치에 관여하지 않는다는 선례를 깨고 서양 오랑캐를 물리치라는 뜻을 밝혔다. 하지만 페리 제독이 다음 해 군함 7척을 끌고 와서 위협하자 막부는 미일화친조약을 맺고 문호를 개방했다.

그러자 근왕파를 자처하는 조슈번(長州藩)과 사쓰마번(薩摩藩)은 천황을 내세워 막부와 맞섰다. 이를 존왕양이운동이라고 한다. 막부는 존왕양이파를 강력하게 탄압했다. 이 과정에서 처형을 당한 사람도 나왔고 테러로 사망한 사람도 나왔다. 조슈번은 존왕양이파 희생자들을 국사순난자

페리 저, 鈴木周作 번역, 1912, 『페리제독 일본원정기(ペルリ提督日本遠征記)』, 大同館.

출처: 일본국립국회도서관

(國事殉難者)로 떠받들고 제사를 지내기 위해 초혼사를 만들었다. 초혼사는 막부에 희생된 사람들을 정당화하고 이를 통해 자기편 활동가들을 격려하는 것이 목적이었다. 일본에서는 전쟁에서 사망하면 아군과 적군을 가리지 않고 평등하게 모시는 것이 전통이었다. 초혼사는 이러한 전통에 기반을 둔 것이 아니라 정치적 목적을 위해 새롭게 만들어진 시설이었다.

1866년 조슈번과 사쓰마번은 연합하여 막부와 전쟁을 벌였고 1867년 막부와의 전쟁에서 승리했다. 막부를 대신하여 천황을 내세운 새로운 중앙집권적 정부가 들어섰다. 이른바 메이지유신이다. 메이지 신정부의 처우에 불만을 가진 구막부군과 신정부군이 1968년 1월 교토(京都) 외곽에서 충돌했다. 전쟁은 1년 반이나 계속되었는데 이를 보신(戊辰)전쟁이라고

하코다테 마쓰마에(松前)성 공방전을 그린 다색판화. 永嶌孟斎 그림, 1875, 「時明治元戊辰ノ夏旧幕ノ勇臣等東台ノ戦争破レ奥州へ脱走ナシ夫ヨリ函館へ押渡再松前城ニ於テ合戦ノ図」, 沢村屋清吉.
때는 메이지 원년 보신의 여름, 구막부군의 용감한 신하 등이 도다이 전쟁에서 패배해 오슈로 탈주했다가 거기서 하코다테로 가 또다시 마쓰마에 성에서 공방전을 벌이는 그림.

출처: 일본국립국회도서관 디지털 컬렉션

한다. 1869년 5월 구막부군의 최후의 거점이었던 홋카이도(北海道) 하코다테(函館)가 함락됐다. 보신전쟁에서 신정부군 3,550명과 구막부군 4,690명

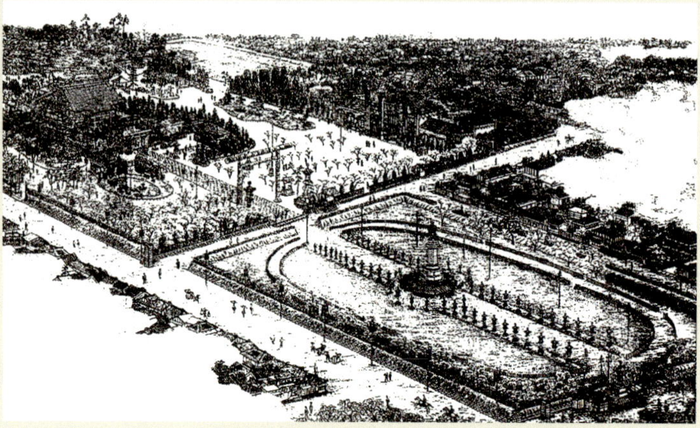

야스쿠니신사 전경.
山内岩雄 編, 1905, 『야스쿠니신사지(靖国神社誌)』, 図書編輯社.

출처: 일본국립국회도서관

도쿄 구단자카 초혼사.
小川一真, 1896, 『일본백경 상 2판(日本百景 上 2版)』 小川一真出版部.

출처: 일본국립국회도서관

이 사망했다.

신정부는 1869년 6월 28일 천황의 뜻을 내세워 도쿄(東京)에 초혼사를 건립했다. 초혼사의 합사 대상자는 "사가현(佐賀県) 적도(賊徒) 추토(追討) 과정에서 전사한 자"(제2회, 법령전서 1874.8.18.) 등에 보이듯이 내란에서 전사한 신정부군 전사자였다. 신정부군 전사자는 천황을 내세워 높이 떠받들고 구막부군 전사자는 적도라고 폄하했다.

도쿄초혼사는 1879년 군(軍)의 요청으로 명칭이 야스쿠니신사로 바뀌었다. 그리고 별격관폐사(別格官幣社)의 지위가 부여됐다. 메이지 정부는 천황을 살아있는 신이라 여겼다. 이러한 천황을 중심으로 국민을 통합하기

야스쿠니신사 참배전.
臨時大祭委員 · 陸地測量部 촬영, 1906, 『메이지 39년(1906) 5월 야스쿠니신사 임시대제 사진첩(日月治三十九年五月 靖国神社臨時大祭写真帖)』 小川一真出版部.

출처: 일본국립국회도서관

위해 천황가를 모시는 신사를 정점에 두고 여러 신사를 관폐사, 국폐사, 부·현사 등으로 서열을 매겼다. 이를 국가신도라고 한다. 별격관폐사는 신화에 나오는 신이나 천황·황족의 제사를 지내는 신사인 관폐사 다음으로 지위가 높은 신사였다. 천황이 직접 참배하는 특별한 신사이기도 했다. 그리고 육군성과 해군성이 관할하는 일종의 군사시설이었다.

야스쿠니(靖國)란 중국 고서인 『춘추좌씨전(春秋左氏傳)』에 나오는 노희공(魯僖公)의 "과인으로서 국가를 평온케 한다(吾以靖国也)"는 말에서 따왔다. 하지만 일본은 1894년 청일전쟁을 시작으로 아시아 각지를 침략했다. 수많은 일본의 청년들이 죽어서 야스쿠니신사에서 만나자는 미명하에 전쟁에 동원됐다. 야스쿠니신사가 죽음으로 내몬 일본 병사들은 240여만 명이나 된다. 그리고 이들에 의해 2000만 명이 넘는 아시아 민중들이 학살됐다. 야스쿠니신사는 본래의 의미와는 달리 동아시아 국가의 국민은 물론이거니와 일본국민마저 편안치 못하게 했다.

3

일본의 침략전쟁과 야스쿠니신사의 역할

1869년 초혼사라는 이름으로 세워진 야스쿠니신사는 1853년 미국 페리 제독이 일본에 개항을 요구한 이후 내란에서 전사한 정부군과 막부에 의해 희생된 사람들을 신으로 떠받드는 역할을 했다. 그런데 일본의 본격적인 침략전쟁의 첫 장을 연 1894년 청일전쟁을 계기로 그 역할이 변하게 된다. 1895년 12월 15일 청일전쟁에서 전사한 1,496명이 야스쿠니신사에 합사되었다. 그리고 1898년 11월 4일에는 그때까지는 합사 대상에서 제외되었던 질병 등으로 사망한 자 11,381명이 합사되었다.

합사자는 러일전쟁으로 갑자기 늘어났다. 러일전쟁에서 사망한 후 합사된 자는 88,243명이다. 다음 표에 보이듯이 야스쿠니신사는 러일전쟁을 계기로 내란에서 사망한 정부군의 죽음을 정당화하는 역할에서 대외 침략전쟁에서 사망한 일본군의 죽음, 즉 침략전쟁을 정당화하는 것으로 그 역할이 완전히 바뀌었다. 1937년, 일본군의 침략은 중국 전역으로 확

타이완 대격전도.
일본군이 타이완을 침략한 것을 그린 다색판화. 『대일본역사다색판화(大日本歷史錦繪)』.(연도불명)
출처: 일본국립국회도서관

대되었고 사상자도 급속하게 늘어났다. 더불어 야스쿠니신사 합사자도 늘어났다.

〈표 1〉 전쟁별 야스쿠니신사 합사자 수

	전쟁	합사자 수(2004.10.)	백분율
1	메이지유신(明治維新)	7,751	0.31%
2	세이난전쟁 전후(西南役前後)	6,971	0.28%
3	청일전쟁(日清戰役)	13,619	0.55%
4	타이완, 조선 침략사건(台湾事件 · 朝鮮事件)	1,130	0.05%
5	의화단 사건(北清事変)	1,256	0.05%
6	러일전쟁(日露戰争)	88,429	3.59%
7	1914-20년 전쟁(大正3-9年戰役)	4,850	0.20%
8	제남사변(済南事変)	185	0.01%
9	만주사변(満州事変)	17,176	0.70%
10	중일전쟁(支那事変)	191,250	7.75%
11	태평양전쟁(大東亜戰争)	2,133,915	86.51%
합계		2,466,532	100.00%

야스쿠니신사의 역할 변화를 상징적으로 보여주는 것 중의 하나는 예대제(例大祭)라 불리는 정기제사 날짜의 변화다. 야스쿠니신사의 가장 큰 행사는 봄과 가을에 정기적으로 지내는 제사인 예대제와 새로운 사망자를 합사하는 임시대제다. 예대제일은 1917년까지는 막부군이 사실상 붕괴한 아이즈번(会津藩) 항복기념일이 기준이었다. 가을은 항복기념일인 11월 6일, 봄은 항복기념일 반년 전인 5월 6일이 예대제일이었다. 이것이 1917년 12월 러일전쟁 육군 개선 관병식(4.30.)과 해군 개선 관병식(10.23.)으로 바뀌었다.

당시 천황은 살아있는 신으로 여겨졌다. 그리고 헌법에 명기된 육해군

야스쿠니신사를 참배하고 돌아가는 쇼와 천황.
靖国神社臨時大祭委員, 1939, 『쇼와 14년(1939) 4월 야스쿠니신사 임시대제 기념 사진첩(昭和十四年四月 靖國神社臨時大祭記念寫眞帖)』, 1939.5.
출처: 일본국립국회도서관

초혼제에 참석한 유족.
靖国神社臨時大祭委員, 1939,『쇼와 14년(1939) 4월 야스쿠니신사 임시대제 기념사진첩(昭和十四年四月 靖國神社臨時大祭記念寫眞帖)』.
출처: 일본국립국회도서관

통수권자로 전쟁을 시작하고 끝낼 수 있는 권한을 갖고 있었다. 이러한 천황의 명령으로 시작된 전쟁은 전부 성스러운 전쟁, 즉 성전(聖戰)이고 그 전쟁에서 죽는 것은 '개죽음'이 아니라 천황의 은혜에 보답하는 명예로운 일이라고 국민을 교육하는 곳이 야스쿠니신사였다.

전쟁으로 아들을 잃은 어머니는 초혼제에 참석했다가 천황이 야스쿠니신사에 참배하는 것을 보고 "감전된 것처럼 기쁨과 고마움"을 느껴야 했다. 야스쿠니신사는 유족들에게는 당신들의 아버지나 아들이 전쟁에서 죽었어도 천황이 참배하는 신사에 신으로 모셔져 있으니 슬퍼하지 말고 영광으로 알고 기뻐하라고 강요했다. 유족은 가족을 잃은 슬픔조차 말할 수 없었다.

황송하게도 천황폐하께서 친히 참배하시는 모습을 엎드려 보았을 때 우리 같은 천한 산골 출신 사람들은 설령 칠팔십까지 살았더라도 병 따위로 죽어도 산속의 너구리도 울어주지 않는데 나라를 위해 죽었다고 천황폐하까지 참배해주시는 것을 보고 감전된 것처럼 기쁨과 고마움을 느꼈다. 그 후로는 괴로운 마음은 완전히 사라지고 자식들은 영원히 살아있다는 생각이 들어 기분이 밝아졌다.(『주부의 벗(主婦の友)』, 1944.1.)

『사진주보(写真週報)』 226호 표지에 게재된 사진. 형을 전쟁에서 잃은 동생이 야스쿠니신사 앞에서 환하게 웃고 있다. 『写真週報』 266号, 昭和18年(1943)4月7日号.

출처: 아시아역사자료센터

일본의 전쟁을 잘못된 것이라고 말하는 것은 '살아있는 신' 천황이 참배하는 야스쿠니신사를 부정하는 것이었다. 천황을 내세워 전사자를 신으로 떠받드는 야스쿠니신사는 일본의 모든 침략을 정당화하는 정신적 지주였다.

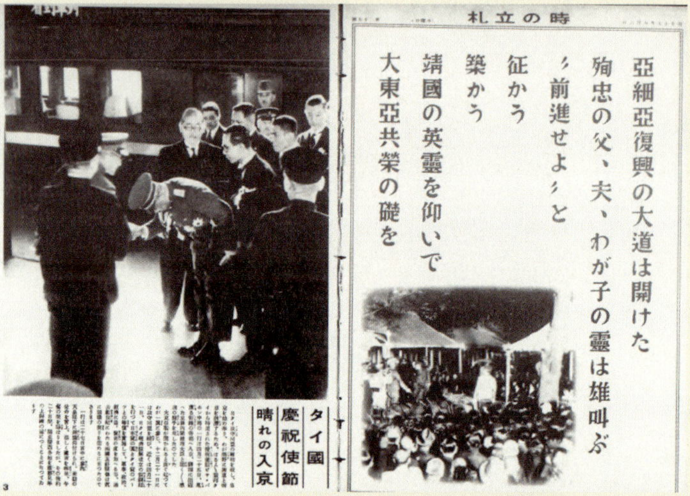

"동아시아 부흥의 대도(大道)는 열렸다. 충성으로 순국한 아버지, 남편, 우리 아들의 혼은 외친다. '전진하라'고 '싸우자, 건설하자, 야스쿠니의 영령을 받들고 대동아공영의 초석을'"
『写真週報』 219号, 昭和17年(1943)5月6日号

출처: 아시아역사자료센터

야스쿠니신사는 죽어서 돌아오면 신으로 모시겠다며 젊은이들을 침략전쟁으로 내몰았다. 일본군은 야스쿠니신사를 참배한 후 침략전쟁에 나섰다.

야스쿠니신사를 참배하는 일본군 부대.
靖国神社臨時大祭委員, 1940,『쇼와 15년(1940) 4월 야스쿠니신사 임시대제 기념사진첩(昭和十五年四月 靖國神社臨時大祭記念寫眞帖)』.

출처: 일본국립국회도서관

4

일본의 조선 침략을 정당화하는 시설

1876년 조일수호조규를 체결한 이후 일본은 조약을 앞세워 조선의 권리를 빼앗았다. 그리고 일본의 침략에 저항한 동학 농민군과 의병을 학살했다. 캐나다 출신으로 러일전쟁 때 영국 『데일리 메일(Daily Mail)』의 극동특파원을 지낸 매켄지(F. A. McKenzie)는 일본군이 의병을 어떻게 학살했는지를 생생하게 기록했다. 그는 한국 주민의 말을 빌려 일본군의 만행을 고발했다.[1)]

> 일본 군인들이 그 부상병자들에게 접근해 왔을 때 그들은 상처의 고통이 심해 말도 못하고 다만 짐승들처럼 "만세, 만세, 만세!" 하고 신음하듯 소리를 질렀답니다. 그들은 무기가 없었으며 피는 땅 위에 낭자히 흐르고 있었습니다. 일본군들은 그들의 비명을 듣고 달려와서 그들이 죽을 때까

1) 이하에서 인용하는 매켄지 기록의 출처는 F. A. 매켄지 지음 · 신복룡 역주, 1999, 『대한제국의 비극』이다.

지 찌르고, 찌르고, 또 찔렀답니다. 그들은 일본군의 칼 아래 갈기갈기 찢겼습니다. 우리는 그들의 시신을 거두어 묻어 주었습니다.

그는 "일본군의 만행이 얼마나 지긋지긋했던가를 설명하던 주민들의 진지한 표정은 어느 명문(名文)보다도 더 웅변적이었다. 이것이 단 한 번의 사례에 그쳤다면 여기에 그토록 언급할 필요도 없었을 것이다"며 수많은 전투에서 모든 부상병과 의병들이 조직적으로 몰살당했음을 알 수 있다고 했다.

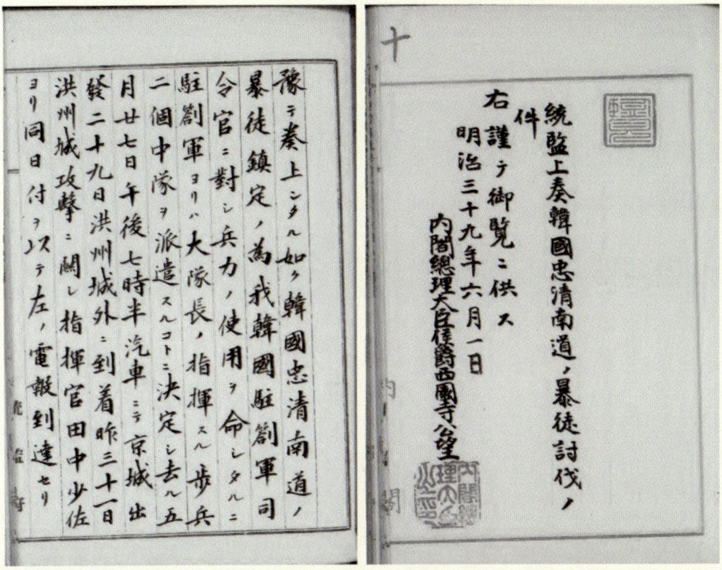
統監上奏韓國忠清南道ノ暴徒討伐ノ件
右謹テ御覧ニ供ス
明治三十九年六月一日
内閣總理大臣侯爵西園寺公望

隊ヲ奏上シタル如ク韓國忠清南道ノ
暴徒鎮定ノ為我韓國駐劄軍司
令官ニ對シ兵力ノ使用ヲ命シタルニ
駐劄軍ヨリハ大隊長ノ指揮スル歩兵
二個中隊ヲ派遣スルコトニ決定シ去ル五
月廿七日午後七時半汽車ニテ京城出
發二十九日洪州城外ニ到着昨三十一日
洪州城攻撃ニ關シ指揮官田中少佐
ヨリ同日付ヲ以テ左ノ電報到達セリ

『통감 상주 한국 충청남도 폭도 토벌의 건』
1906년 6월 1일 통감 이토 히로부미가 충청남도 의병 탄압을 일본 총리에게 건의한 문서로 의병을 '폭도', 탄압을 '토벌'로 표기하고 있다.

출처: 아시아역사자료센터(A01200007500)

일본군이 학살한 것은 의병뿐만이 아니었다. 일반 주민들도 학살당했다. 그는 주민이 학살당한 것에 대해 "어떤 마을에서는 방화로 인해 부녀자들과 아이들이 얼마간 죽었으리라는 것은 의심할 나위도 없다. 일본군들은 의병들에게 포위를 당했을 경우에는 방화를 하기 전에 부락으로 달려갈 필요도 없이 함부로 총을 쏘아대는 일이 한두 번이 아니었던 것처럼 보인다.", "일본군들은 도처에서 민가를 방화하는 이외에도 의병 혐의를 받은 많은 민간인들을 살해했다"고 기록했다.

학살된 의병과 주민 숫자는 명확하게 밝혀지지 않았으나, 박은식은 『한국독립운동지혈사(韓國獨立運動之血史)』에서 "하세가와(長谷川)는 군대를 풀어서 모조리 섬멸시키고자 하였다. 무장한 의병의 피살자가 10여만 명이었고, 무고한 촌민(村民)으로 학살당한 자는 곧 독립 후가 아니고서는 그 통계를 구할 수가 없다"고 한탄했다.[2)]

일본군에 의해서 학살된 의병의 수는 조선주차군사령부에서 발행한 『조선폭도토벌지(朝鮮暴徒討伐誌)』에 따르면 1906년 5월부터 1911년 6월까지 17,779명이나 된다. 물론 여기에는 그 이전이나 그 후에 학살된 의병과 민간인 피해자들은 빠졌을 가능성이 크다.

일본군의 야만스러운 학살에 가담한 일본 군인과 경찰 중에서 의병에 의해 살해된 자는 야스쿠니신사가 발행한 『야스쿠니신사 충혼사(靖国神社忠魂史)』(1933년) 제4권에 의하면 280명이다.

러일전쟁 이전에 조선 침략과 관련하여 야스쿠니신사에 합사된 사람은 19명, 러일전쟁 이후 1910년까지는 280명으로 총 299명이다.

2) 출처는 박은식 저, 남만성 역, 1979, 『韓國獨立運動之血史(上)』, 서문당, 137쪽.

〈표 2〉『야스쿠니신사 충혼사』에 기록된 일본 군인 · 경찰 사망자 수

	1906년	1907년	1908년	1909년	1910년	합계
함경남북도		17	52	1		70
평안남북도		9	18			27
황해도		7	10		1	18
경기도		29	17			46
강원도		9	20	2		31
충청남북도		22	10	2		34
경상남북도	2	6	13	1		22
전라남북도		2	19	11		32
합계	2	101	159	17	1	280

『야스쿠니신사 충혼사』는 동 신사가 육군과 해군의 협조를 받아 자체적으로 편찬한 것이다. 『야스쿠니신사 충혼사』는 일본의 침략으로부터

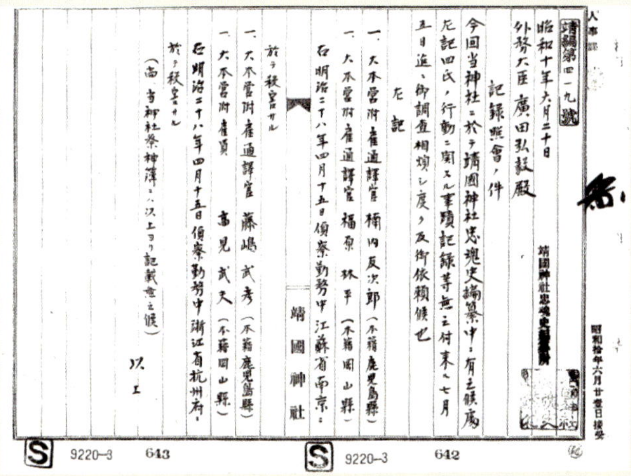

靖編第四一九號

昭和十年六月二十日

外務大臣 廣田弘毅殿

記録照會ノ件

今回当神社ニ於テ靖國神社忠魂史編纂中ニ有之候處
左記四氏ノ行動ニ関スル事蹟記録等無之ニ付来ル七月
五日迄ニ御調査相煩シ度ク及御依頼候也

左記

一、大本営附雇通譯官 楠内友次郎（本籍鹿児島縣）
一、大本営附雇通譯官 福原林平（本籍岡山縣）
右明治二十八年四月十五日偵察勤務中江蘇省南京ニ
於テ殺害サル

靖國神社

一、大本営附雇通譯官 藤嶋武彦（本籍鹿児島縣）
一、大本営附雇員 高見武夫（本籍岡山縣）
右明治二十八年四月十五日偵察勤務中浙江省杭州府ニ
於テ殺害サル
（尚、当神社祭神簿ニハ以上ヨリ記載無之候）

以上

昭和拾年六月廿壹日接受

9220-3 643 9220-3 642

야스쿠니신사가 『야스쿠니신사 충혼사』 편찬을 위해 대본영에 자료 협조를 요청한 문서다.

출처: 아시아역사자료센터(B04012569700)

국가의 독립을 지키기 위한 한국 정부의 노력과 의병전쟁을 폄하했다. 이 책은 일관되게 의병을 '비도'나 '적'이자 '구축'해야 할 대상으로 평가하고 이들에 의해 살해된 일본 군경은 '비도 토벌 작전의 희생자'라고 높이 평가했다. 야스쿠니신사에서는 의병들을 천황의 지배에 복종하지 않는 적이자 토벌 대상으로 간주했다.

(1875년 운양호사건)

유신의 대업을 이루고 … 인방(隣邦) 한국은 당시 … 굳게 문호를 닫고 우리의 수호요구에 응하지 않았다. … 정한론이 제창되기에 이르렀던 이유는 여기에 있는 것이다. … 메이지 8년(1875) 군함 운양호가 강화도 부근에서 한병(韓兵)에게 사격을 당해 다음 전사자가 발생하기에 이르렀다.

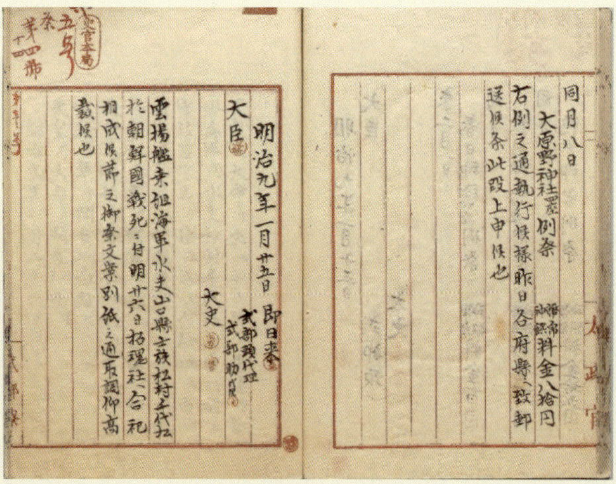
明治九年一月廿五日 即日奏

大臣

雲揚艦乗組海軍水夫山口県士族松村千代松於朝鮮国戦死ニ付明廿六日招魂社ヘ合祀相成候節之御祭文案別紙之通取調伺高裁候也

운양호 갑판원 전사자 무라마쓰 지요마쓰(村松千代松)를 초혼사에 합사한다는 내용이다.

출처: 아시아역사자료센터(A01100134400)

(1906년 의병)

일한신협약이 맺어지자 비밀리에 음모를 꾸며 … 오른쪽 두 곳에서 폭동이 일어나자, 경상북도에도 이에 호응하여 약 1000여 명의 비도(匪徒)가 반란(叛亂)을 기도했다. … 우리 주차(駐箚) 헌병 2명은 이로 인해 살해되었다. 따라서 6월 상순 대구와 원주에서 진위대(鎭衛隊)가 나가 이 적(賊)을 구축(驅逐)했다.

(1907년 의병)

이 해에 일어난 폭동의 주요 원인은 한황(韓皇)의 양위와 군대 해산에 따른 불평불만에 따른 것이다. 7월 3일 궁정(宮廷) 3명이 헤이그의 만국평화회의에 참석을 요구하는 음모가 폭로되자, 우리 정부는 하야시(林) 외무대신을 한국에 파견하고, 그 결과 황위 선양(禪讓)과 그에 이은 군대해산에 이르렀다. … 제10중대가 병영의 정문을 향해 전진하자, 제9중대 가지하라(梶原) 대위는 정신(挺身), 부하를 데리고 궁정에 돌진, 공병(工兵)은 병사(兵舍)를 폭파하고 보병(步兵)은 분발하여 한병(韓兵)을 구축, 10시 50분 그 병영을 전부 점령했다. 이 전투에서 왼쪽에 기록한 4명의 전사자가 발생했다.

(1908년 의병)

40년의 토벌과 귀순 권장에 의해, 41년 초의 정세는 비교적 정온(靜穩) …, 다시 형세 일변하여 적세(賊勢) 전년보다도 격증(激增)하고 5월만을 보아도 우리 수비대, 헌병경찰대와 충돌한 폭도의 총수 약 1만 5000, 6월 · 7월에 이르러서는 더 격렬해져 그 수 3만을 헤아렸다. …1월부터 3월까지 경기도에서는 … 수비대가 출동해서 토벌에 종사한 것이 전후 약 50회에 이르는데, 그동안 왼쪽에 기록한 1명의 전사자가 발생했다.

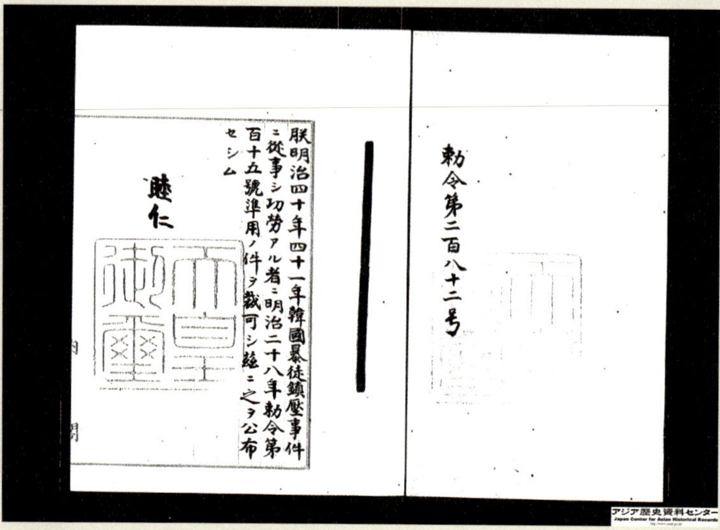

勅令第二百八十二号

朕明治四十年四十一年韓國暴徒鎮壓事件ニ從事シ功勞アル者ニ明治二十八年勅令第百十五號準用ノ件ヲ裁可シ茲ニ之ヲ公布セシム

睦仁

1908년 11월 9일 칙령 제282호로 1907년과 1908년 '한국폭도진압사건'에 종사하여 공로가 있는 자에게 1895년 칙령 제115호를 준용하다는 내용.

출처: 아시아역사자료센터(A03020775200)

(1909년 의병)

폭도(暴徒)가 가장 격렬했던 것은 41년 6월부터 8월에 이르는 기간이었는데, 우리 수비대의 열심(熱心)한 토벌에 의해 동계(冬季)가 되자 결국 줄어들었다. 그러나 그것은 소멸의 완성을 의미하는 것은 아니고 … 토벌대는 이 온건하기 짝이없는 서적(鼠賊)에 대해 고심참담하여 소멸을 위해 노력해, 마침내 왼쪽에 기록한 귀중한 희생을 지불하고 43년에는 거의 대부분 이를 감정(戡定)하기에 이르렀다. …

5

일본의 침략전쟁에 조선인을 동원하는 수단(1): 야스쿠니신사 합사를 영광이라고 선전

일본은 1937년 중국을 침략했다. 침략전쟁이 장기화되자 일본군의 병력이 부족해졌다. 일본은 조선인을 군인과 군무원으로 동원하려고 했지만 의병전쟁의 기억이 강렬하게 남아있었다. 중국에는 독립군이 활동하고 있었다. 일본군은 조선인에게 총을 쥐여주는 것을 주저했다. 일본은 우선 1938년 4월 3일부터 육군특별지원병제를 시행했다.

조선인을 전쟁에 동원하기 위해서는 조선인들이 일본 군인이 되어 전쟁에서 목숨을 바치는 것이 영광이고 명예라는 인식을 심어주어야 했다. 그리고 그 뒤를 따라서 자발적으로 전쟁에 나가도록 해야만 했다. 이를 위해 동원된 것이 야스쿠니신사였다.

신문은 조선인도 전쟁에 나가서 전사하면 일본인과 마찬가지로 야스쿠니신사에 합사되는 영광을 누릴 수 있다고 선전했다. 해방 전에 야스쿠니신사에 합사된 한국인은 야스쿠니신사 자료에 따르면 415명이다.

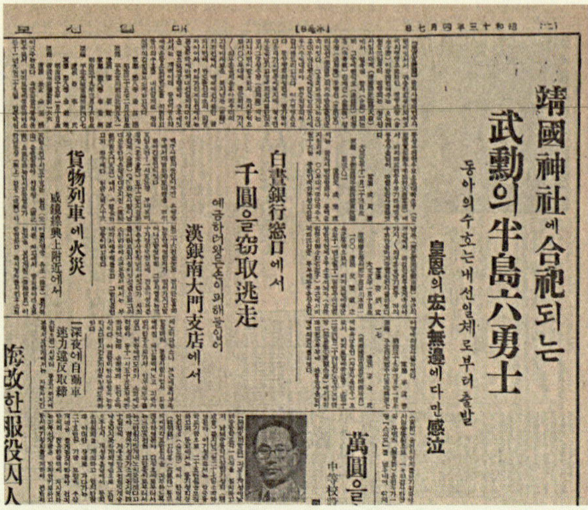

靖國神社에合祀되는

武勳의半島六勇士

동아의수호는내선일체로부터출발

皇恩의宏大無邊에다만感泣

白晝銀行窓口에서

千圓을竊取逃走

漢銀南大門支店에서

貨物列車에火災

“야스쿠니신사에 합사되는 무훈의 반도 6용사-동아의 수호는 내선일체로부터 출판-황은의 광대무변에 감읍”(『매일신보』, 1938.4.7.)

출처: 국립중앙도서관

半島關係英靈六十五柱

護國의神으로合祀

志願兵으로두번째

山西戰線에서

“반도 관계 영령 65주 호국의 신으로 합사-영광의 반도인은 고(故) 리형수 상등병 외 4명”
“지원병으로 두 번째-동생도 지원병훈련소에서-야스쿠니에 신으로 모시는(神鎭) 고(故) 리형수 상등병”(『매일신보』, 1942.3.27.)

출처: 국립중앙도서관

최초의 육군지원병 전사자였던 이인석(李仁錫)은 1941년 가을 임시대제에서 야스쿠니신사에 합사되었다. 『매일신보』는 1939년 7월 13일자에 지린태(池麟泰)와 이인석이 전사한 후 야스쿠니신사에 합사된 것은 영광이라는 사설을 게재했다.

> 이번에 양인(兩人)의 전사는 제국군인으로서 전사한 점으로 일단의 의의가 높흔바이다. 생각건대 양인은 응당 야스쿠니신사에 합사되여 호국의 영령으로 길히 그 방명(芳名)이 국가와 함께 무궁할 것이다 … 제국군인으로서 국가에 몸을 바치어 전사하면 그 위패는 길히 야스쿠니신사에 합사되는바 아모리 그 급위(級位)가 나질지라도 한결가치 호국의 령이 되는 것이다 … 반듯이 그 방명은 일주(一柱)로 진좌(鎭坐)하야 황송하옵께도 천황폐하의 친배(親拜)의 하사(下賜)를 봉앙(奉仰)하는 영광을 입게 된다.

그리고 일본과 마찬가지로 조선에서도 전사자를 합사하는 야스쿠니신사 임시대제에 천황이 참배한다는 사실이 대대적으로 보도되었다. 천황이 참배하는 날 오전 10시 15분에 일본 전국에서 묵도를 실시했다. 조선에서도 조선신궁 등에 모여 집단으로 묵도를 했다.

1943년 3월 1일에 조선인 징병제 시행이 공포되고, 1944년 4월 1일부터 시행되었다. 신문은 조선인이 야스쿠니신사에 합사되는 것은 무엇보다 기쁜 일이고 영광스러운 일이라며 합사된 영령들의 숭고한 희생정신을 본받아 노력하라고 선전했다.

> 근래 야스쿠니신사 임시대제가 있을 때마다 반도 출신 영령이 합사되었

每日新報

靖國神社大祭第三日

聖上陛下御親拜 【靖國神社臨時大祭第二日】謹電送

德王、李守信兩氏에 勳章을御贈與

故博義王殿下 御喪儀 廿六日로御決定

"야스쿠니신사 대제 제3일/성상폐하 어친배"(『매일신보』, 1938.10.21.)

출처: 국립중앙도서관

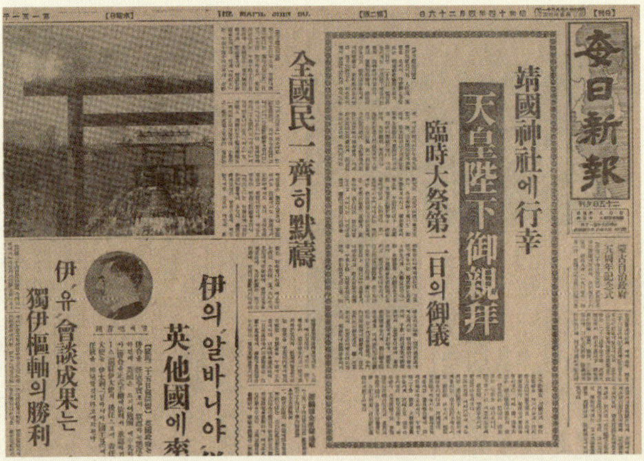

每日新報

靖國神社에行幸

天皇陛下御親拜

臨時大祭第二日의御儀

全國民一齊히默禱

伊의 알바니아

英他國에

伊、유會談成果는 獨伊樞軸의勝利

"야스쿠니에 행행-천황폐하 친배-임시대제 제2일의 어의"/"전국민 일제히 묵도"
(『매일신보』, 1939.4.26.)

출처: 국립중앙도서관

고 이번에도 4주의 영령이 합사되었다. 반도 민중으로서 이보다 더 큰 기쁨이 없고 이보다 더한 영광이 없다. 조선에서 징병제가 실시되어 이제 반도 장정은 호국의 영령으로 전사한 선배의 충열을 본받아 전의 앙양에 또는 전력 증강에 매진할 뿐이다. 이것이 결국 야스쿠니신사에 합사되는 신제신의 중의에 답하는 최대의 길이다.(『매일신보』 사설, 1944.10.24.)

6

일본의 침략전쟁에 조선인을 동원하는 수단(2): 유족에게 침략전쟁에 동원된 죽음을 명예로 받아들이라고 강요

일본의 중국 침략이 확대되면서 일본군 사망자는 증가했다. 야스쿠니신사는 임시대제를 개최하여 이들을 새로운 신으로 합사했다. 이때 그 유족들을 야스쿠니신사에 불러 초혼제에 참석시켰다. 아버지를 전쟁에 빼앗긴 아이들도 지역별로 집단 참배했다.

조선에 살고 있던 일본인과 조선인도 임시대제에 참석했다. 조선에서 유족이 집단적으로 야스쿠니신사 임시대제에 참석한 것은 1937년 중일전쟁 이후다. 유족의 대부분은 일본인이었으나 여기에 일부 조선인도 포함되어 있었다. 야스쿠니신사를 참배하는 유족은 일본으로 떠나기 전에 총독을 만나고 군사사령부를 방문했다. 일본에서는 황후를 만나고 조선왕족을 방문했다. 이들에게 선물도 받았다. 메이지신궁을 참배하고 내무성을 방문하기도 했다. 유족들은 일반인이 도저히 상상할 수 없는 특별한 대우를 받은 것이다. 신문은 이러한 유족들의 야스쿠니신사 참배 일

感激실은遺兒列車

半島部隊十四名의車中訪問記

井野拓相이招待

外地遺兒들의光

"감격 실은 유아(遺兒)열차 반도부대 14명의 차중방문기".(『매일신보』, 1942.3.27.)

출처: 국립중앙도서관

매일신보

눈에어리는아버지모습

遺兒들感激의對面

靖國神社昇殿參拜의第一日

勇氣잇게싸워가자

盡忠報國의決意

"눈에 어리는 아버지 모습-유아들 감격의 대면-야스쿠니신사 승전 참배의 제1일"
"용기있게 싸워가자", "진충보국의 결의".(『매일신보』, 1943.3.10.)

출처: 국립중앙도서관

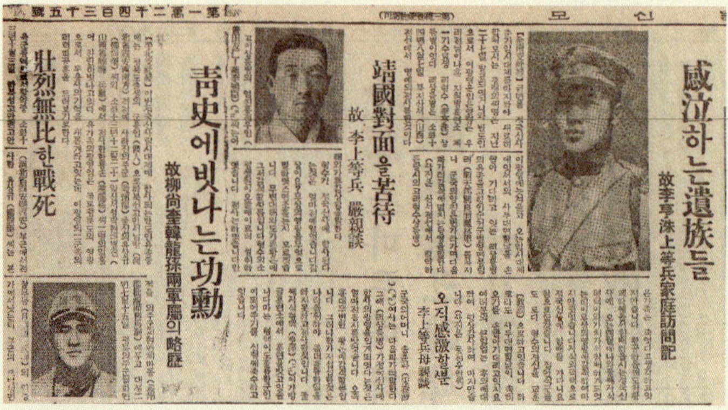

感泣하는遺族들
故李亨洙上等兵家庭訪問記

靖國對面을苦待
故李上等兵 嚴親談

오직感激할뿐
李上等兵母親談

靑史에빗나는功勳
故柳尙奎韓龍孫兩軍屬의略歷

壯烈無比한戰死

"감읍하는 유족들-고(故) 이형수 상등병 가족 방문기"
"야스쿠니 대면을 고대-고(故) 이상등병 엄친 담"
"청사에 빛나는 공훈-고(故) 유상규 한용손 양 군속의 약력"
"장렬무비한 전사"(『매일신보』, 1942.3.29.)

출처: 국립중앙도서관

정을 상세하게 보도했다. 전쟁에 나가서 죽는 것은 슬픈 일이 아니라 영광이고 특별한 대우를 받을 수 있는 기회가 된다는 긍정적인 이미지를 야스쿠니신사를 통해 확산시켰다.

1939년 4월 임시대제에는 조선총독부 순사 황진식(黃辰植)의 동생과 관동군 운전수 김자원(金子元)의 아버지와 동생이 참석했다. 『매일신보』는 김자원의 아버지의 "그저 가슴이 뻐근할 뿐입니다. 전사한 자식 놈은 그전부터 나라에 바쳤던 자식이니까 벌써 잊어버리고 있는 지도 오래지요. 그러나 오늘밤에 저 부인네들이 저러케 느끼어 우는 모양을 보니 저도 모르게 그만 울고야 말았나이다. …"라는 소감을 실었다.

지원병훈련소 1기생이었던 리형수(李亨洙)의 아버지는 아들이 야스쿠니신사에 합사된 것에 대한 소감을 묻자 "형수가 정국신사에 합사된다는 것은 얼마 전에 알았습니다. 감상이요? 무상의 영광을 무엇으로 말하였으면 좋을는지 모르겠습니다. 무변대해와도 같은 황은에 그저 감격할 따름입니다. 형수의 평생소원이 오늘에 이르러 성취하였습니다. 전사는 하였습니다만은 가족은 죽었다고 생각하고 있지 않습니다. 황공하옵게도 천황폐하께옵서 참배하옵시는 정국신사에 오는 4월에 나와 둘째 자식 형택이가 가치 가서 참배하게 되었는데 이 무상의 영광에 감격하여 마지 않고 있습니다. 자식의 덕택으로 정국신사에 참배를 가다니 참으로 꿈만 같습니다"라고 대답했다.(『매일신보』, 1942.3.29.)

조선인 유족에게 침략전쟁에 동원되었다 사망한 부조리한 죽음을 명예로 받아들이도록, 전쟁에 협력하도록 강요하는 수단으로 야스쿠니신사가 이용된 것이다.

7

일본의 침략전쟁에 조선인을 동원하는 수단(3): 교과서를 통해 '천황을 위해 목숨을 바치는 것'을 본받아야 한다고 교육

조선의 보통학교 교과서에서 야스쿠니신사가 처음 등장한 것은 1932년에 편찬된 『보통학교 수신서 권4(普通學校修身書 卷四)』 제13과 '초혼제'다.[3] 야스쿠니신사를 천황과 나라를 위해 죽은 사람을 모시는 곳이라고 기술했다. 1938년에 개정된 『초등 수신서(初等修身書)』의 「초혼제」에는 국경 경찰관인 모리타 세이지(森田政治)와 김우선(金羽銑)이 근무 중에 전투로 사망했는데 "두 용사의 용감한 행동이 천황과 황후 두 폐하에까지 알려져 황송하게도 제사료(祭料)까지 하사하시고 도쿄의 야스쿠니신사에 안치되도록 하셨습니다. 가족들은 황은(皇恩)에 눈물을 흘렸습니다"는 기술이 추가되었다.

1941년 보급된 『초등 수신 권4(初等修身 卷四)』에는 야스쿠니신사를 다음과 같이 기술했다.

3) 교과서의 야스쿠니신사 관련 기술 변화는 장신, 2011, 「일제하 조선에서 야스쿠니신사의 표상과 조선인 합사자」, 『역사문제연구』 통권 25호를 참고로 해서 정리했다.

第四 靖國神社

靖國神社の社殿

東京の九段坂の上に、大きな青銅の鳥居が高く立つてゐます。その奥に立派な社が見えます。それが靖國神社です。靖國神社には、君のため國のために身をさゝげた、たくさんの忠義な人

十五

1941년에 보급된 『초등 수신 권4(初等修身 卷四)』.

도쿄의 구단자카 위에 커다란 청동으로 만든 도리이가 높이 세워져 있습니다. 그 안쪽에 훌륭한 신사가 보입니다. 그것이 야스쿠니신사입니다. 야스쿠니신사에는 천황폐하와 나라를 위해 순국하신 많은 충성스러운 사람들이 모셔져 있습니다. 매년 봄 4월 30일과 가을 10월 23일에는 예대제가 있고 칙사가 파견됩니다. 또 충성스러운 사람을 새로 합쳐서 제사를 지낼 때에는 임시대제가 행해지고 천황과 황후 두 분 폐하의 행차가 있습니다.

제사일(祭日)에는 육해군인은 물론 일반 사람들도 여기에 모셔져 있는 사람들의 충의로운 마음을 기리어 참배하는 사람이 끊이지 않고 넓은 경내도 사람들로 가득찹니다. 천황폐하와 나라를 위해서 애쓰다가 죽은 사람들을 이렇게 신으로 모시고 또 정중한 제사를 지내는 것은 천황폐하의 뜻에 의한 것입니다. 우리들은 천황의 은혜가 깊음을 생각하고, 여기에 모신 사람들을 본받아 몸 바쳐 천황폐하와 나라를 위해 힘써야 합니다.

1944년에 개정된 교과서에는 "일본인으로 태어나 야스쿠니신사에 모셔지는 것은 더 이상 없는 명예로운 일입니다"라는 내용이 추가되었다. 조선인도 천황을 위해 목숨을 바치면 야스쿠니신사에 합사되고 그러면 진정한 일본인이 될 수 있다고 가르쳤다.

조선금융연합회가 발간한 『가정의 벗(家庭之友)』 1939년 10월호는 '야스쿠니신사 사두(社頭)의 감격'을 특집으로 실었는데, 「군국 여학생의 충혼」이라는 글이 실려있다. 목포고등소학교 4학년 여학생이 병에 걸려 도쿄

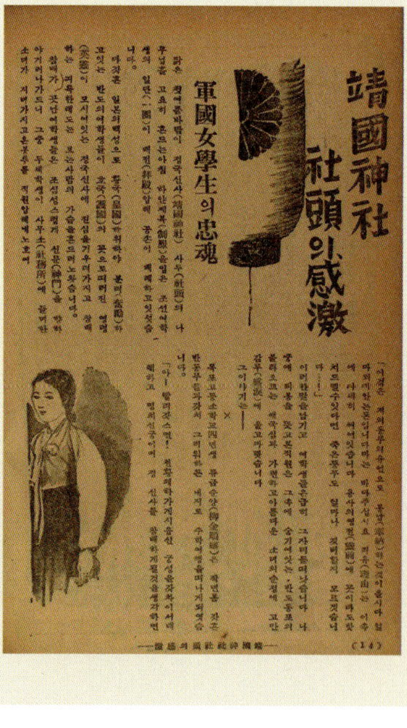

靖國神社 社頭의感激

軍國女學生의忠魂

"봉순아 내 소원이다. 네가 이 돈을 가지고 가서 나라를 위하여 진충보국(盡忠報國)하신 영령(英靈)에 꼿이라도 밧처드려라 이 세상을 떠나는 나의 마직 소원은 그것뿐이다...." "순금아 마음을 단단히 먹어라! 내가 꼭 정국신사에 가서 네 몫까지 참배하고 올테니 안심해라...."는 내용이 들어있다.
(『가정의 벗(家庭之友)』, 1939년 10월호)

수학여행에 참석하지 못하자 자기가 모은 돈을 친구들에게 야스쿠니신사에 전해 달라고 하고 사망했다는 이야기다. 야스쿠니신사가 학생들의 애국심을 끌어내는 수단으로 이용되었던 것이다.

8

일본의 패전과 야스쿠니신사

야스쿠니신사 정문에는 '야스쿠니신사'라고 쓴 표지석이 있다. 전쟁 당시에는 야스쿠니라는 글자 위에 '별격관폐'라는 네 글자가 더 있었다. 하지만 전쟁이 끝난 후 야스쿠니신사는 '별격관폐'라는 네 글자를 잘라냈다. 패전이 가져온 변화였다. 야스쿠니신사의 공적인 지위와 역할은 일본이 전쟁에서 진 후 크게 변하게 된다. 일본을 점령 통치했던 연합국총사령관총사령부(GHQ/SCAP)는 1945년 12월 15일 '국가신도에 관한 각서(신도지령)'를 발령해 정부 등의 공적 기관이 신도를 원조하지 못하도록 했다. 야스쿠니신사와 국가의 관계는 단절되었다. '별격관폐사'라는 지위도 사라졌다.

일본 헌법 제20조(정교분리원칙)도 어떤 종교단체도 국가로부터 특권을 받거나, 또는 정치적 권력을 행사해서는 안 되며, 국가 및 그 기관은 종교교육 기타 어떠한 종교 활동도 해서는 안 된다고 규정하고 있다. 즉, 국가와 종교가 공적인 관계를 맺는 것을 금지하고 있다.

야스쿠니신사 기념 엽서(연도 불명)와 표지석. 왼쪽 엽서 사진 윗부분에는 '별격관폐'라는 네 글자가 있었으나, 이것이 일본 패전 후 잘려나갔다.(남상구 소장)

야스쿠니신사는 연합군이 일본을 점령했을 때는 군국주의 색채를 숨기기 위한 조치를 했다. 1935년 부국징병보험상호회사(富国徵兵保険相互会社, 현 부국생명)가 기부한 대등롱이 있는데, 기단에 일본군 전투 장면이 부조되어 있다. 경시청과 도쿄도의 지시에 따라 전투 장면 부조는 콘크리트로 메워졌다. 이는 점령이 끝난 후인 1957년에 복원되었다. 지금도 콘크리트로 메웠던 부분이 다른 부분에 비해 하얗게 보인다. 야스쿠니신사의 부속시설인 유슈칸(遊就館)이라는 전시관도 폐쇄되었다가 1986년 다시 개관했다.

야스쿠니신사는 1946년 9월 7일 도쿄도지사의 인증을 받은 단위종교법인이 되었다. 그러나 야스쿠니신사는 제신, 의례(儀禮), 유족과의 관계 등에서 패전 이전과의 연속성을 강하게 유지했다. 특히 일본유족회는 여당

(위) 전쟁 당시 모습이 담긴 야스쿠니신사 기념 엽서(연도 불명).
(아래 왼쪽) 전투 장면 부조가 담긴 야스쿠니신사 기념 엽서(연도 불명).
(아래 오른쪽) 현재 모습. (남상구 소장)

인 자민당의 표밭(압력단체)으로 야스쿠니신사 문제에 커다란 영향력을 행사했다. 야스쿠니신사 역시 일본 정부와 밀접한 관계를 맺고 있었다. 200만 명에 가까운 방대한 전사자에 대한 개별조사와 유족에게 합사 사실을 통보하는 것은 국가의 관여 없이는 불가능한 일이었다. 1956년 1월 30일

후생성 인양원호국 복원과가 작성한 「구육군 관계 야스쿠니신사 합사 사무협력 요강(안)에 대한 설명」을 보면 "전몰자 합사는 형식적으로는 야스쿠니신사가 하고, 국가와 도도부현은 이것에 협력하는 것이다. 이것은 현재도 장래에도 변함없다. 그러나 합사자의 선정에 관해서는 실질적으로는 국가와 도도부현이 하지 않으면 실시할 수 없다. … 즉, 종래 야스쿠니신사에서 선정하고 결정한 합사자를 앞으로는 도도부현이 선정하고, 후생성이 결정하여 야스쿠니신사에 통지하도록 개정한 것"이라고 설명하고 있다.

朝日新聞 2006年 7月29日 土曜日

朝日新聞

靖国合祀、国主導の原案

「神社が決定」に変更

「事務体系は戦前に準じる」

旧厚生省、56年に要綱

実際の事務 原案に近い

전쟁이 끝난 후에도 야스쿠니신사 합사 사무체계는 전쟁 이전에 준해서 진행되었다는 사실을 보도한 기사(『아사히(朝日)신문』, 2006.7.29).

9

강제동원 한국인 피해자 합사

일본이 한국을 강제로 병합하고 한국인을 일본의 침략전쟁에 동원한 결과 한국인은 야스쿠니에 합사되었다. 1910년부터 1930년대까지는 주로 일본의 헌병보조원이나 경찰이 되어 국내에서 일어난 독립운동을 탄압하거나 중국 침략전쟁에 통역 등으로 동원되었다가 사망한 극히 소수의 한국인이 그 대상이었다. 1938년 지원병제도가 시행되었고, 1941년 태평양전쟁 발발 후에는 많은 한국인이 일본군 병사와 군무원으로 전쟁터에 동원되었다. 이들 중 2만 명이 넘는 사람이 전쟁터에서 사망하거나 전쟁이 끝난 후 전범으로 몰려 사망했다. 일본 정부가 한국 정부에 이관한 자료를 보면 아시아태평양전쟁에서 사망한 한국인 군인·군무원의 규모는 〈표 3〉과 같다.

현재 야스쿠니신사에 합사된 한국인은 일본 국립국회도서관입법조사국이 발간한 『야스쿠니신사 문제 자료집(靖国神社問題資料集)』(1976년)에 따르

〈표 3〉 일본 군인과 군무원으로 동원된 한국인 피해자 규모

귀환	사망, 행방불명	동원	자료
–	21,692명	–	1971년 일본 정부가 한국 정부에 이관한 자료
221,810명	22,182명	243,992명	1993년 일본 정부가 한국 정부에 이관한 자료

면 20,636명이고 『도쿄신문』 1995년 8월 26일 보도에 따르면 21,181명이다. 군인과 군무원으로 동원되었다가 사망한 한국인 대부분이 야스쿠니신사에 합사되어 있음을 알 수 있다.

1945년 해방 이전에 한국인의 국적은 일본이었다. 하지만 해방과 더불어 한국인은 국적을 회복했다. 일본의 패전으로 야스쿠니신사를 관리하던 육군성과 해군성은 해체되었고 야스쿠니신사는 종교법인으로 바뀌었다. 하지만 일본 정부는 육군성과 해군성의 업무를 인계한 후생성 관계자를 야스쿠니신사 합사 대상을 논의하는 회의에 출석시켜 한국인 합사 문제를 논의했다.

1957년 6월 4일 야스쿠니신사가 작성한 「합사 사무에 관한 후생성 인양원호국 관계자와의 제1회 연락회의 회의록」을 보면 원호국 1복원과와 2복원과 과장을 포함 6명의 정부 관계자가 참석했다. 이타가키(板垣) 제1복원과장은 조선인, 타이완인 미합사자에 관한 자료가 있냐는 야스쿠니신사 스즈키(鈴木) 조사부장의 질문에 "조선인, 타이완인 전사자의 자료는 육군 관계는 있으나 유족이 명확하지 않고 전사 상황과 관련된 상세한 자료는 없다"고 답변했다. 1957년 10월 2일 야스쿠니신사 조사부가 작성한 「합사 자격심사 참고자료」에는 앞으로 논의가 필요한 사항으로 타이완인, 조선인 문제를 다음과 같이 밝혔다.

五. 타이완인, 조선인

1. 군인, 군무원으로 전사하거나 전상병사한 자는 합사한 사례가 있음.
2. 군부(軍夫)는 대체로 작전행동에 수반하여 전사하거나 전상병사한 자는 인정한 사례가 있으나 그 외 경우의 사망자는 논의되지 않음.

또한, 1958년 4월 9일 야스쿠니신사에서 개최된 제4회 「합사 기준에 관한 검토회」에는 인양원호국 복원과(구육군) 2명, 업무2과(구해군) 2명, 야스쿠니신사 5명, 봉찬회(방청) 6명이 참석했다. 인양원호국은 '조선 · 타이완 출신자를 쇼와 34년(1959년) 4월에 합사할 수 있도록 명표 준비를 할 예정이다'고 밝혔다. 1958년 제7회 「합사 관련 검토회」에서는 향후 합사자 수에 대해 육군은 '조선인, 타이완인 2만 명', 해군은 '1959년 10월 조선인, 타이완인 8천 명, 1960년 4월 조선인, 타이완인 1만 2백 명'이라고 구체적인 수치를 제시했다.

야스쿠니신사는 후생성이 제공한 자료를 근거로 합사를 추진했다. 후생성이 야스쿠니신사에 제공한 한국인 자료는 20,727명분이었다. 연도별로는 1959년 19,650명, 1964년 82명, 1972년 66명, 1973년 385명, 1975년 509명의 자료가 야스쿠니신사에 제공됐다(〈자료 1〉 참조).

일본 정부와 야스쿠니신사가 한국인 합사를 공동으로 모의했고 일본 정부가 제공한 자료를 근거로 하여 합사가 이루어졌다는 것은 명백하다. 그런데도 일본 정부는 합사자 선정은 어디까지나 야스쿠니신사가 독자적으로 결정하는 것이라고 주장한다. 야스쿠니신사는 일본 정부의 주장과 달리 합사자 선정은 "후생성이 전쟁에 의한 '공무사(公務死)'로 인정했기에 신사가 합사하게 된 것이다. … 전쟁에 의한 공무사에 해당하는지 않

〈자료 1〉 일본 정부가 한국인 야스쿠니신사 합사에 협력했음을 보여주는 문서

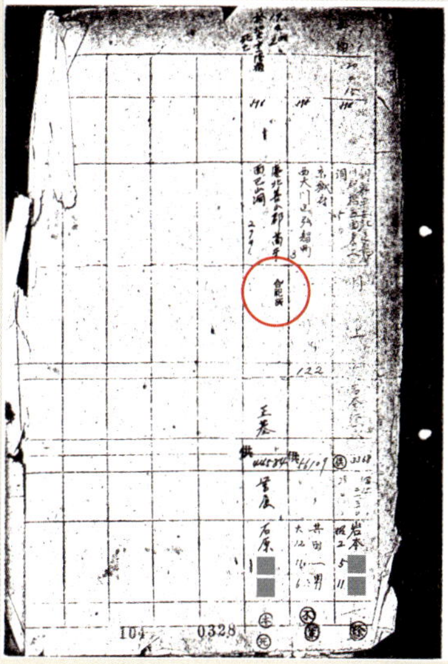

유수명부.

○ 동그라미 : 합사제

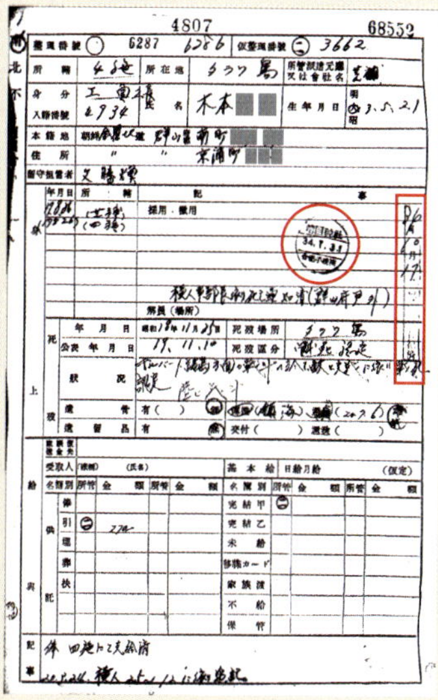

해군군속신상조사표.

○ 동그라미 : 야스쿠니신사 1959.7.31. 합사 수속 완료

□ 네모 : 1959년 10월 17일 합사 완료

출처: 국가기록원

는지는 야스쿠니신사 당국이 멋대로 판단할 수 있는 문제가 아니다. 국가의 결정에 따르는 것은 당연한 절차"[靖国神社, 『靖國』 제552호(2001.7.1.) 부록]라고 설명하고 있다.

한국인 합사 경위에 대해서는 "예전에 동포로서 함께 전지에 나가 전몰한 분들에 대한 위령과 경모(敬慕)의 뜻에서 구후생성인양원호국에 협력을 요청했고, 그 회답 자료에 근거해서 합사"했다고 설명한다(「일제강점하강제동원피해진상규명위원회 질의에 대한 야스쿠니신사 회답서」, 2006.11.20.). 즉 후생성이 야스쿠니신사에 제공한 자료는 합사자 통지나 마찬가지였다고 할 수 있다.

1946년 10월 23일 법령 제122호 「조선성명복구령(朝鮮姓名復舊令)」으로 창씨개명은 무효화되었다. 한국인 모두가 성과 이름을 되찾았다. 하지만 야스쿠니신사에 합사된 한국인은 아직도 창씨개명 상태 그대로다.

일본 정부는 1952년 4월 19일 법무부 민사국장의 「평화조약 발효에 따른 한국인·타이완인 등에 관한 국적 및 호적 사무 처리에 관하여」라는 통지를 근거로 일본에 거주하는 한국인의 일본 국적을 일괄적으로 '박탈'했다. 일본 정부는 일본 국적을 갖고 있지 않은 한국인 전사자 개인 자료를 야스쿠니신사에 제공한 것이다. 하지만 일본 정부는 한국의 유족들에게는 야스쿠니신사 합사 사실은 물론 전사 통보조차 하지 않았다. 또한, 전상병자전몰자유족등원호법과 은급법 등에 따른 보상은 국적이 바뀌었다는 이유로 배제하는 이중적인 태도를 취했다.

10

A급 전범 합사(1): A급 전범이란

제1차 세계대전 때까지는 전쟁범죄라고 하면 「육전(陸戰)의 법규 관례에 관한 조약(헤이그육전법규)」(1907년) 등 전시 국제법을 위반한 '통상의 전쟁범죄'가 일반적이었다. 전쟁 그 자체는 국제법상 불법행위가 아니었다. 침략전쟁은 불법이라는 인식은 제1차 세계대전을 거치면서 생겨났다. 탱크와 비행기가 전쟁에 도입되면서 막대한 인명피해를 초래했기 때문이다. 군인 약 800만 명과 민간인 약 660만 명이 사망했다. 제2차 세계대전에서는 군인 약 2300만 명과 민간인 약 3100만 명이 사망했다. 1919년의 「국제연맹규약」과 1928년의 「전쟁 포기에 관한 조약(파리 부전조약)」에 침략전쟁은 불법이라는 인식이 반영되기 시작했다. 침략전쟁을 '평화에 대한 범죄'로 명확하게 규정한 것은 1945년 8월 패전국 독일에 대한 재판을 위한 런던협의에서 미국·영국·프랑스·소련이 제정한 「국제군사재판소 조례」였다. 조례는 전쟁범죄를 A항 '평화에 대한 범죄', B항 '통상의 전쟁범죄',

C항 '인도에 대한 범죄'로 구분했다. '인도에 대한 범죄'도 유대인 대량학살을 처벌하기 위해 새롭게 만들어진 개념이었다. 침략전쟁을 일으킨 범죄자를 A급 전범(class A war crimina), 그 외의 B항과 C항의 범죄에 해당되는 자를 BC급 전범(class B & C war crimina)으로 불렀다.

야스쿠니신사에 합사된 A급 전범이란 연합국이 일본의 전쟁범죄를 재판하기 위해 제정한 '극동국제군사재판소 조례' 제5조에서 규정하고 있는 "평화에 대한 범죄, 즉 선전포고를 하거나 선전포고 없는 침략전쟁, 국제법, 조약, 협정, 선약에 위반되는 전쟁 계획, 준비, 개시, 수행, 또는 이상의 행위를 달성하기 위한 공동 계획이나 공동 모의"에 참가한 자로 극동국제군사재판(도쿄재판)에서 유죄판결을 받은 자를 말한다. A급 전범으로 기소된 자는 27명, 유죄판결을 받은 자는 모두 25명이었는데 이 가운데 야스쿠니신사에 합사된 자는 14명이다. A급 전범의 기소 사유는 〈표 4〉와 같다. 교수형을 당한 7명의 기소 내용을 보면 통상의 전쟁범죄(항목 54, 55)로도 처벌을 받았다.

A급 전범의 범죄에 해당하는 것은 1928년 이후의 침략전쟁에서 저지른 범죄다. 유죄판결을 받은 사람 중, 조선 총독으로 창씨개명 등 황민화 정책, 징병·징용 등 강제동원 정책을 입안하고 추진한 미나미 지로(南次郎), 고이소 구니아키(小磯国昭)와 조선군 사령관이었던 이타가키 세이시로(板垣征四郎), 이 3명은 한국 입장에서 보면 중대한 범죄자였다. 그런데 이들이 식민지에서 저지른 범죄는 재판에서 다루어지지 않았다.

한국은 도쿄재판 개최 당시부터 이들 3명의 재판에 특별한 관심을 기울이고 있었다. 이러한 관심은 당시 언론 보도에 잘 드러나 있다. 예컨대, 『동아일보』의 "침략 원흉배를 단죄 도조 등 7명 교수형 도쿄전범재판 언

〈표 4〉 야스쿠니신사에 합사된 A급 전범 개요

성명	주요경력	범죄 기소 항목										판결
		1	27	29	31	32	33	35	36	54	55	
		침략전쟁 수행 공동모의	중국 침략전쟁 수행	미국 침략전쟁 수행	영국 침략전쟁 수행	네덜란드 침략전쟁 수행	프랑스 침략전쟁 수행	장기봉사건 수행	노몬한사건 수행	위반행위 명령 및 수권 허가에 의한 법규위반	위반행위 방지책임 무시에 의한 법규위반	
기무라 헤이타로 (木村兵太郎)	미얀마방면 군사령관	○	○	○	○	○				○	○	교수형
도조 히데키 (東條英機)	총리, 육군대신	○	○	○	○	○	○			○		교수형
도이하라 겐지 (土肥原賢二)	奉天특무기관장	○	○	○	○	○		○	○	○		교수형
마쓰이 이와네 (松井石根)	중지나방면 군사령관(난징)										○	교수형
무토 아키라 (武藤章)	육군군무국장, 제14방면군 참모장(필리핀)	○	○	○	○	○				○	○	교수형
이타가키 세이시로 (板垣征四郎)	관동군참모, 육군대신, 조선군사령관	○	○	○	○	○		○	○	○		교수형
히로타 고키 (広田弘毅)	총리, 외무대신	○	○								○	교수형
고이소 구니아키 (小磯国昭)	총리, 조선총독	○	○	○	○	○					○	종신금고
시라토리 도시오 (白鳥敏夫)	주이탈리아대사	○										종신금고
우메즈 요시지로 (梅津美治郎)	참모총장	○	○	○	○	○						종신금고
히라누마 기이치로 (平沼騏一郎)	총리	○	○	○	○	○			○			종신금고
도고 시게노리 (東郷茂徳)	외무대신	○	○	○	○	○						금고 20년
나가노 오사미 (永野修身)	군령부총장											재판 중 사망
마쓰오카 요스케 (松岡洋右)	외무대신											재판 중 사망

侵略元兇輩를斷罪

東條等七名絞首刑

東京戰犯裁判言渡

小磯·南等은終身刑

韓國關係三名도包含

各被告의罪名

『동아일보』, 1948.11.14.

출처: 국사편찬위원회

도 / 고이소 구니아키 · 미나미 지로 등은 종신형 한국 관계 3명도 포함"(1948.11.14.), "고이소, 미나미 등 전범 한국서 임벌 요구"(1948.11.30.), 『사유신문』의 "한민족을 착취한 원흉, 고이소 구니아키와 미나미 지로를 인도하라-張외무장관 요구"(1948.11.30.), 『조선중앙일보』의 "역사는 기록한다 그들의 죄상을 / 도죠 등 7명 드디어 교수형 / 우리는 얼마나 이날을 기다렸나 / 삼천만 계레의 뼈에 사무쳐 있는 역대 조선총독 한국에 인계하라"(1948.12.24.) 등은 이러한 관심을 잘 보여준다.

韓民族을搾取한元兇
小磯國昭와南次郎을引渡하라

張外務長官要求

쌀만 一合六勺
43回配給에들리는朗報

糧穀買入은好調
29日百萬石突破

濟州에戒
宣撫工作

『자유신문』, 1948.11.30.

출처: 국사편찬위원회

11

A급 전범 합사(2): 합사 경위와 문제점

일본 정부는 1951년 9월 8일에 체결되고 다음 해 4월 28일에 발효된 샌프란시스코 강화조약 제11조에서 도쿄재판의 판결을 수락한다고 약속했다. 그러나 복역 중이던 A급 전범은 1956년 사면되었다. 전상병자 전몰자유족등원호법과 은급법은 처형당하거나 감옥에서 사망한 전범을 공무사(公務死)로 취급해, 그 유족에게 연금을 지급했다. 야스쿠니신사 등이 'A급 전범은 국내법적으로는 범죄자가 아니다'라고 주장하는 이유다. A급 전범으로 금고 7년 형의 처벌을 받았던 시게미쓰 마모루(重光葵)는 1954년부터 1956년까지 하토야마 이치로(鳩山一郎) 내각에서 외무장관을 지냈다. 종신형을 받았던 가야 오키노리(賀屋興宣)는 1963년에 1964년까지 이케다 하야토(池田勇人) 내각에서 법무장관을 지냈다. 즉, 일본에서 A급 전범은 법적으로도 사회적으로도 그다지 문제가 되지 않았다.

야스쿠니신사는 1964년 후생성에 "미합사자의 합사를 진행하기 위해 지금까지 보류하고 있던 사람들을 포함해 모든 전몰자 성명과 사망 원인을 파악하고자 한다"며 개인정보 제공을 요청했다. 후생성은 1966년 2월 A급 전범 사망자 개인의 자료를 야스쿠니신사에 제공했다. A급 전범의 자료를 전달받은 야스쿠니신사는 1970년 야스쿠니신사 숭경자총대회(崇敬者総代会)에서 A급 전범의 합사를 결정했다. 도조 히데키(東条英機) 내각의 대동아상(大東亜相)이자 A급 전범 용의자였던 아오키 가즈오(青木一男) 의원이 합사를 강하게 주장했다. 그러나 야스쿠니신사 국영화 법안 등 국내 정세를 살피느라 합사는 이루어지지 않았다. 쓰쿠바 후지마로(筑波藤麿) 궁사(宮司)가 A급 전범의 합사에 소극적이었다는 점도 작용했던 것으로 보인다. 쓰쿠바 궁사의 아들 히사하루(常治)의 증언에 따르면 쓰쿠바는 BC급 전범이 처음으로 합사된 1959년 무렵 "BC급은 (국가의 방침에 따른) 희생자이므로 빨리 합사해야 한다. 그러나 A급은 책임자다. 책임자와 희생자를 함께 모신다면 희생자가 납득할 수 있겠는가"라고 지적했다고 한다(『東京新聞』, 2005. 12. 2.).

1978년 쓰쿠바 궁사 사망 후 후임으로 구해군 소좌였던 마쓰다이라 나가요시(松平永芳)가 궁사로 취임했다. 야스쿠니신사를 국가시설로 하자는 운동도 막을 내렸다. 이것을 계기로 야스쿠니신사는 A급 전범을 '소화순난자(昭和殉難者)'라는 이름으로 합사했다. 합사의 근거는 후생성으로부터 받은 자료와 A급 전범이 국내법상으로는 범죄자가 아니라는 것이었다. A급 전범은 1978년 10월 17일 합사되었다. 합사 사실이 언론에 보도된 것은 1979년 4월 19일이었다.

야스쿠니신사가 A급 전범을 합사한 것은 도쿄재판의 결과를 전면 부정하는 것이다. 도쿄재판 결과를 부정하는 것은 샌프란시스코 강화조약

朝日新聞

靖国神社にA級戦犯合祀

東条元首相ら十四人

ひそかに殉難者として

時期的に適当と判断

戦争肯定につながる 松浦氏

スナックママ殺

同せいの男

「爆破する 千万円出せ」

"야스쿠니신사에 A급 전범 합사", "도조 전 수상 등 14명 비밀리에 순난자로"
"전쟁긍정으로 이어진다."
『朝日新聞』(조간), 1979.4.19.

위에 세워진 국제질서를 부정하는 것이기도 하다. 2005년 세워진 펄 판사 현창비에는 야스쿠니신사의 A급 전범에 대한 인식이 그대로 드러나 있다. 펄 판사는 인도 출신으로 도쿄재판에 참여한 11명의 판사 중에서 유일하게 A급 전범 전원 무죄를 주장했다. '평화에 대한 범죄'는 전쟁이

야스쿠니신사에 건립된 펄 판사 현창비(2005년)

"박사는 재판을 담당한 연합국 11개 국가의 재판관 중에서 유일하게 국제법 전문 판사임과 동시에 법의 정의를 지켜야 한다는 열렬한 사명감과 고도의 문명사적 인식을 하고 있었다.
박사는 이 통칭 '도쿄재판'이 승리에 취한 연합국의 무력해진 패전국 일본에 대한 야만적인 복수 의식에 지나지 않는다는 것을 간파하고 사실오인으로 가득한 연합국의 소추에는 법적 근거가 전혀 없다는 것을 논증하고 피고단은 전원 무죄라고 판결하는 방대한 의견서를 제출했다.
이 의견서의 마지막 말처럼 대다수 연합국의 복수심과 사적 편견이 간신히 잦아들고 있는 현재 박사의 판결은 이제는 문명 세계의 국제법 학계의 정설로 인정되고 있다.
우리는 이에 법의 정의와 역사의 도리를 지켜낸 펄 박사의 용기와 정렬을 현창하고 그의 말을 일본국민에 대한 귀중한 유훈으로 명기하기 위해 이 비를 건립하고 박사의 위대한 업적을 천고에 전하고자 한다."

2005년 6월 25일, 야스쿠니신사 궁사 난부 도시아키(南部利昭)

(남상구 소장)

끝난 후에 승리한 국가들이 만든 법으로 이것은 국제법 위반이라는 것이 이유였다. 야스쿠니신사에 세워진 펄 판사 현창비에는 그가 재판관 중에서 유일하게 국제법 전문 판사였다고 되어 있다. 그런데 최근의 연구를 보면, 그는 국제법 전문가가 아니었고 철저한 반공주의자였다. 펄 판사는 1966년 10월 일본을 방문했을 때 일본 정부로부터 '훈1등 서옥장(勲一等瑞宝章)'이라는 훈장을 받기도 했다.

12

침략전쟁과 식민지 지배를 정당화하는 역사인식을 교육

야스쿠니신사에는 보신전쟁(戊辰戰争)과 그 후에 일어나 사가(佐賀)의 난, 세이난전쟁(西南戰争)이라는 국내의 전쟁에서, 근대 일본의 출발점이 된 메이지유신의 대업 수행을 위해 목숨을 잃으신 분들을 비롯해, 메이지 유신의 선구자로 희생된 사카모토 료마(坂本龍馬), 요시다 쇼인(吉田松陰), 다카스기 신사쿠(高杉晋作), 하시모토 사나이(橋本左内)라는 역사적으로 저명한 막부 말기 지사 등, 나아가서는 청일전쟁 · 러일전쟁 · 제1차 세계대전 · 만주사변 · 지나사변 · 대동아전쟁(제2차 세계대전) 등의 대외사변과 전쟁에서 국가방위를 위해, 오로지 '국가가 평온하기를'이라는 일념으로, 존귀한 생명을 바치신 분들의 신령이 모셔져 있는데, 그 수는 246만 6천 주에 이릅니다.

군인뿐만 아니라 전쟁터에서 구호를 위해 활약한 종군간호부와 여학생, 학도동원 중에 군수공장에서 사망한 학생 등, 군무원 · 문관 · 민간 분들도 다수 포함되어 있고 그 당시 일본인으로 전쟁에서 사망한 타이완 및 한

반도 출신자와 시베리아 억류 중에 사망한 군인·군무원, 대동아전쟁 종결 시에 이른바 전쟁 범죄인으로 처형된 분들 등도 똑같이 모시고 있습니다(참고자료: 신도정치연명 홈페이지하고 연결됩니다). 이러한 많은 분의 신령을 신분, 공훈, 남녀의 구별 없이 조국을 위해 희생한 고귀한 신령(야스쿠니의 신)으로 일률적으로 평등하게 모시고 있는데, 이것은 야스쿠니신사의 목적이 '국가를 위해 목숨을 바친 분들의 혼을 위령하고 그 업적을 후세에 전달하는 것'이기 때문입니다. 즉 야스쿠니신사에 모셔져 있는 246만 6천여 주의 신령들은 '조국을 지키기 위한 공무로 인해 사망한 분들의 신령'이라는 한 가지 공통점이 있습니다.

야스쿠니신사 홈페이지에 게재된 '야스쿠니신사에서 모시는 신(祭神)'에 대한 설명이다. 야스쿠니신사의 신들은 일본을 지키기 위해 희생한 것이고, 그것은 후세에 알려야 할 업적이라는 것이다. 이 논리에 따르면 한국을 침략하는 과정에서 의병을 탄압하다 살해당한 자들도 3·1운동 당시 민중을 탄압하다가 민중에게 살해당한 헌병도 모두 일본을 위해 목숨을 바친 고귀한 희생이 된다. 일본 군인과 군무원으로 강제로 동원되었다가 희생된 한국인들도 마찬가지다.

야스쿠니신사 역사인식을 구체적인 인물과 사건을 통해 설명하는 시설이 유슈칸이라는 전시관이다. 유슈칸은 청일전쟁에서 러일전쟁, 만주사변, 중일전쟁, 태평양전쟁에 이르는 근대 일본의 모든 침략전쟁을 일본의 독립을 지키기 위한 전쟁으로 기록한다. 서구열강의 위협으로부터 독립을 지켜내기 위해 일본은 전쟁을 할 수밖에 없었다는 것이다. 2015년 유슈칸 특별전에는 이러한 주장이 잘 드러나 있다.

유슈칸 특별전시회의 포스터와 팸플릿

2015년(헤이세이 27년) 유슈칸 특별전 "대동아전쟁 70년 전 최종장-지금을 살고 있는 모든 사람들에게-"

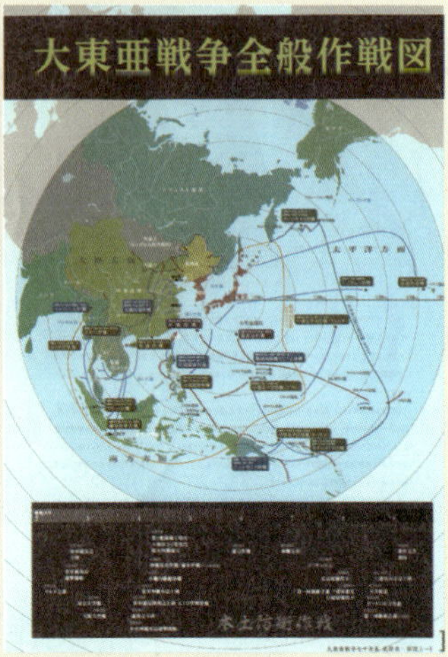

대동아전쟁 전반 작전도.

특공 작전.

본토 방공 작전.

이러한 논리에 따르면 한국을 강제병합한 것도 "러일전쟁의 승리와 그 후의 한국병합은 오랫동안 안전보장의 현안을 해결했지만"이라는 기술에 보이듯이 일본의 안전보장을 위한 것이 된다. 그리고 1904년부터 1910년까지 체결된 조약을 나열하여 한국 침략이 무력에 의한 것이 아니라 합법적인 절차에 따른 것이었다는 점을 강조하고 있다.

〈한국병합〉

1904년 러일전쟁 발발, 한일의정서 조인, 제1차 한일협약 조인.

1905년 가쓰라 · 태프트 협정(미국은 일본의 한국 보호화를 승인), 제2차 영일동맹 협약 조인(영국은 일본의 한국 보호화를 승인), 제2차 한일협약 승인(한국 외교권을 일본이 감독하는 것을 협약. 한성에 통감부를 승인).

1907년 헤이그 밀사사건, 제3차 한일협약 조인(내정지도를 협약).

1909년 10월 26일 동청철도 하얼빈역 입구에서 이토 히로부미 통감, 한국의 독립운동가 안중근에게 암살되다.

1910년 한국병합을 조인.

〈「한국병합」 조약문 사진(한국어로 써진 부분의 일부)과 설명〉

1909년 7월, 고무라 외상 제안의 한국병합 의견서가 각의에서 승인되었다. 다음 해인 1910년 8월 신임 데라우치 마사타케 통감이 이완용 총리와 회견, 조약안을 협의했다. 한국 정부는 22일 각료를 포함한 어전회의에서 조약을 승인 · 재가, 동일 한국병합 조약이 승인되었다.

〈제2차 세계대전 이후 각국의 독립〉이라는 전시에서는 "러일전쟁의 승리는 세계, 특히 아시아 사람들에게 독립의 꿈을 안겨주었고 많은 선각

자가 독립, 근대화의 모범으로서 일본을 방문했다. 그러나 1차 세계대전이 끝난 후에도 아시아 민족에게 독립의 길은 열리지 않았다. 아시아의 독립이 실현된 것은 대동아전쟁 초반에 일본군에 의해 식민지 권력이 타도된 뒤였다. 일본군 점령하에서 한 번 타오른 불길은 일본이 패배한 후에도 사라지지 않고 지속하여 독립전쟁 등을 거쳐 민족국가가 차례로 탄생했다"고 기술하고 있다.

유슈칸의 전시 사례(제2차 세계대전 후의 각국 독립)

출처: 야스쿠니신사, 2008,『유슈칸 도록(遊就館図録)』.

태평양전쟁 이후 아시아 각국의 독립에 대해서는 일본의 공적이라고 직접 표현하고 있지는 않지만 "일본군의 눈부신 승리 이후였다"라고 기술하고 있다. 일본의 전쟁이 아시아 해방을 위한 전쟁이었다는 것이다. 그런데 지도를 보면 한국과 타이완은 독립한 국가에 포함되어 있지 않다. 이것은 일본의 패전으로 한국과 타이완이 독립한 역사적 사실마저 부정하는 것이다.

야스쿠니신사 홈페이지에는 유슈칸을 참관한 사람들의 소감 일부가 소개되어 있다. 그 내용을 보면 유슈칸이 일본의 침략전쟁과 식민지 지배를 정당화하는 역사인식을 교육하는 시설이라는 사실을 알 수 있다.

> 유슈칸 전시를 보면 막부 말기부터 메이지유신, 쇼와(昭和) 시대의 태평양전쟁으로 이어진 근대사를 이해할 수 있습니다. 나라를 위해 싸우다 돌아가신 영령에게 감사드리는 것뿐만 아니라 그 시대를 훌륭하게 살았던 모습에 감동을 하고, 정말로 훌륭했다고 생각합니다. 근대사 전시를 보고 일본의 어디가 나쁜 것인지, 나라를 지키려고 한 우리 조상들은 매우 훌륭하다고 생각했습니다. 일본인으로 태어나고 일본에서 자란 저는 매우 다행이라고 생각합니다.(2015.5. Y. S.)

> 야스쿠니신사 참배를 하고 유슈칸에 처음 가 보았습니다. 굉장한 곳이었습니다. 일본 역사의 강인함을 실감할 수 있었습니다. 그리고 많은 전쟁으로 인해 돌아가신 분들의 명복을 빎과 동시에 진심으로 일본을 위해 싸워주신 분들에게 감사드립니다.(2015.4. 가카미가하라(各務原)시 H. H.)

한편 2001년 고이즈미 준이치로(小泉純一郎) 총리의 야스쿠니신사 참배를 계기로 동 신사의 역사인식에 대한 국제사회의 관심도 높아졌다. 2006년 9월 14일 미 하원 국제관계위원회에서 헨리 하이드 위원장은 아래와 같이 야스쿠니신사의 역사인식을 비판했다.

우리 세대에게 도쿄의 유슈칸이 일본의 젊은 세대에게 아시아에서 제2차 세계대전이 시작된 것은 아시아와 태평양의 여러 민족을 서구 제국주의 지배로부터 해방하기 위한 것이었다고 가르치고 있는 것은 문제다. 나는 한국, 필리핀, 싱가포르, 솔로몬 군도를 방문하여 그들과 비참한 기억을 이야기했는데 일본의 황군이 해방자였다고 기억하고 있는 사람은 단 한 사람도 없었다. 이 박물관에서 가르치고 있는 역사는 사실을 근거로 하고 있지 않다. 이를 바로잡아야 한다.

13

일본 정부의 공식적인 역사인식을 부정

1995년 8월 15일 무라야마 도미이치(村山富市) 총리는 다음과 같은 담화를 발표하여 식민지배와 침략에 대한 사죄와 반성을 표명했다. 총리 담화는 내각에서 만장일치로 채택되는데, 당시 내각에는 자민당 장관 8명이 포함되어 있었다. 이들 중 1명이라도 반대하면 담화는 좌절될 수밖에 없었다. 즉 무라야마 담화는 사회당 당수였던 무라야마 총리 개인의 역사인식을 반영한 것이라기보다는 일본정부 역사인식의 '총결산'이었다.

> 우리나라는 멀지 않은 과거의 한 시기, 국가정책을 그르치고 전쟁에의 길로 나아가 국민을 존망의 위기에 빠뜨렸으며 식민지 지배와 침략으로 많은 나라들 특히 아시아 여러 나라의 여러분들에게 다대한 손해와 고통을 주었습니다.
>
> 저는 미래에 잘못이 없도록 하기 위하여 의심할 여지도 없는 이와 같은

역사의 사실을 겸허하게 받아들이고 여기서 다시 한번 통절한 반성의 뜻을 표하며 진심으로 사죄의 마음을 표명합니다.

무라야마 총리 이후 일본의 모든 총리는 이 담화를 계승한다는 견해를 표명해왔다.

무라야마 담화 이후에도 일본의 총리는 한국 침략과 식민지 지배에 대해 사죄와 반성을 표명해왔다. 대표적인 사례는 아래와 같다.

오부치 총리대신은 금세기의 한·일 양국 관계를 돌이켜 보고, 일본이 과거 한때 식민지 지배로 인하여 한국 국민에게 다대한 손해와 고통을 안겨주었다는 역사적 사실을 겸허히 받아들이면서, 이에 대하여 통절한 반성과 마음으로부터의 사죄를 했다.[21세기의 새로운 한·일 파트너십 공동선언(김대중 대통령-오부치 게이조小渕惠三 총리), 1998.10.18.]

지금 내부를 자세히 참관했습니다. 비통한 마음에 잠시 말도 잇지 못할 심정입니다만, 일본국 총리대신이 되어 처음 한국을 방문하고, 오늘 과거의 아픈 역사의 일부를 둘러보았습니다. 일본의 식민지 지배로 말미암아 한국 국민들에게 다대한 손해와 고통을 안겨드린 데 대하여 진심으로 반성하고 또 사죄하는 마음으로 지금 여러 가지 전시와 시설과 고문의 흔적을 보면서 총리대신으로서보다도 오히려 한 사람의 정치가로서, 한 인간으로서 이와 같은 고통과 희생을 강요당하신 분들의 원통한 심정을 잊어서는 안 되겠구나 하고 생각했습니다.(고이즈미 준이치로 총리, 서대문 독립공원 방문시 발언, 2001.10.15.)

올해는 한·일 관계에 있어서 커다란 전환점이 되는 해입니다. 정확히 100년 전 8월 한·일병합조약이 체결되어 이후 36년에 걸친 식민지 지배가 시작되었습니다. 3·1 독립운동 등의 격렬한 저항에서도 나타났듯이, 정치·군사적 배경하에 당시 한국인들은 그 뜻에 반하여 이루어진 식민지 지배로 국가와 문화를 빼앗기고, 민족의 자긍심에 깊은 상처를 입었습니다.[간 나오토(菅直人) 총리 담화, 2010.8.10.]

일본이 침략과 식민지 지배로 이웃 나라의 많은 사람에게 커다란 손해와 고통을 주었다는 것이 일본 정부의 공식적인 역사인식이라 할 수 있다. 일본이 이러한 잘못을 저질렀을 때 그것을 정신적으로 뒷받침한 것이 야스쿠니신사였다. 야스쿠니신사는 지금도 여전히 일본의 침략전쟁과 식민지 지배를 일본의 독립을 지키기 위한 것이었다는 억지 주장을 하고 있다. 야스쿠니신사의 이러한 역사인식은 일본 정부의 공식적인 역사인식을 부정하는 것이다.

또한, 평화로운 가운데 생존할 권리를 결의하고 타국을 무시해서는 안된다고 명기한 일본 헌법의 정신을 부정하는 것이기도 하다.

일본국민은 정당하게 선거로 선출된 국회 대표자를 통해서 행동하고 우리와 우리 자손을 위해 여러 국민과 화해 협력에 의한 성과와 우리나라 전 국토에 걸쳐 자유를 가져오는 혜택을 확보하고, 정부의 행위로 또다시 전쟁의 참화가 일어나지 않도록 할 것을 결의하고, 이에 주권이 국민에게 있다는 것을 선언하고 이 헌법을 확정한다. … 일본국민은 항구 평화를 염원하고 인간 상호의 관계를 지배하는 숭고한 이상을 깊이 자각하여 평화를 사랑하는 여러 국민의 공정과 신의를 신뢰하여 우리들의 안전과 생존을 지키려고 결의했다. 우리는 평화를 유지하고 전제(專制)와 예종(隸從), 압박과 편협을 지상에서 영원히 제거하려고 노력하고 있는 국제사회에서 명예로운 지위를 누리고자 한다. 우리는 전 세계 국민이 다 같이 공포와 결핍에서 벗어나 평화로운 가운데 생존하는 권리를 갖고 있다는 것을 확인한다. 우리는 어떤 국가도 자국에만 전념하여 타국을 무시해서는 안 되고 정치 도덕 법칙은 보편적인 것으로 이 법칙에 따르는 것은 자국의 주권을 유지하고 타국과 대등한 관계에 서려고 하는 각국의 책무라고 믿는다. 일본국민은 국가의 명예를 걸고 전력을 다해 숭고한 이상과 목적을 달성할 것을 맹세한다.(일본 헌법 전문, 1946.11.3. 공포, 1947.5.3. 시행)

14

일본 총리 참배 문제

일본 총리의 야스쿠니신사 참배는 1951년 9월 8일 샌프란시스코 강화조약에 서명한 이후 재개되었다. 이것이 외교 문제가 된 것은 1985년 8월 15일 나카소네 야스히로(中曾根康弘) 총리가 공식참배를 내걸고 야스쿠니신사를 참배한 이후다.

나카소네 총리의 참배에 대한 비판의 근거는 야스쿠니신사에 A급 전범이 합사됐다는 것이었다. A급 전범이 합사된 것은 1978년 10월 17일이고 이러한 사실이 여론을 통해 알려진 것은 1979년 4월이었다. A급 전범들의 합사 후에도 20회에 걸친 총리 참배가 있었으나 나카소네 총리의 공식참배 전까지는 외교적으로 문제가 되지 않았다. 이를 두고 일본 우익들은 한국과 중국이 야스쿠니신사 문제를 정치카드로 활용하고 있다고 주장한다.

1982년 일본 역사교과서 왜곡 사건을 계기로 한국과 중국은 일본 정

〈표 5〉 1945.8.15. 이후 일본 총리 야스쿠니신사 참배 현황

이름	재임기간	참배 횟수	참배 연월일	비고
히가시쿠니노미야 나루히코 (東久邇稔彦)	1945.8.17.-1945.10.9.	1	1945.8.18.	
시데하라 기쥬로 (幣原喜重郎)	1945.10.9.-1946.5.22.	2	1945.10.23./11.20.	
요시다 시게루 (吉田茂)	1946.5.22.-1947.5.24.	0	-	
가타야마 데쓰 (片山哲)	1947.5.24.-1948.3.10.	0	-	
아시다 히토시 (芦田均)	1948.3.10.-1948.10.15.	0	-	
요시다 시게루	1948.10.15.-1954.12.10.	5	1951.10.18. 1952.10.17. 1953.4.23./10.24. 1954.4.24.	
하토야마 이치로 (鳩山一郎)	1954.12.10.-1956.12.23.	0	-	
이시바시 탄잔 (石橋湛山)	1956.12.23.-1957.2.25.	0	-	
기시 노부스케 (岸信介)	1957.1.31.-1957.2.25.	0	-	임시 대표
기시 노부스케	1957.2.25.-1960.7.19.	2	1957.4.24. 1958.10.21.	
이케다 하야토 (池田勇人)	1960.7.19.-1964.11.9.	5	1960.10.10. 1961.6.18./11.15. 1962.11.4. 1963.9.22.	
사토 에이사쿠 (佐藤栄作)	1964.11.9.-1972.7.7.	11	1965.4.21. 1966.4.21. 1967.4.22. 1968.4.23. 1969.4.22./10.18. 1970.4.22./10.17. 1971.4.22./10.19. 1972.4.22.	

이름	재임기간	참배 횟수	참배 연월일	비고
다나카 가쿠에이 (田中角榮)	1972.7.7.-1974.12.9.	5	1972.7.8. 1973.4.23./10.18. 1974.4.23./10.19.	
미키 다케오 (三木武夫)	1974.12.9.-1976.12.24.	3	1975.4.22./8.15. 1976.10.18.	사적 참배임을 처음 명시
후쿠다 다케오 (福田赳夫)	1976.12.4.-1978.12.7.	4	1977.4.21. 1978.4.21./8.15./10.18.	
오히라 마사요시 (大平正芳)	1978.12.7.-1980.6.12.	3	1979.4.21./10.18. 1980.4.21.	
이토 마사요시 (伊東正義)	1980.6.12.-1980.7.17.	0	-	임시 대표
스즈키 젠코 (鈴木善幸)	1980.7.17.-1982.11.27.	9	1980.8.15./10.18./11.21. 1981.4.21./8.15./10.17. 1982.4.21./8.15./10.18.	
나카소네 야스히로 (中曾康弘)	1982.11.27.-1987.11.6.	10	1983.4.21./8.15./10.18. 1984.1.5./4.21./8.15./10.18. 1985.4.22./8.15.	85.8.15. 공식참배임을 명시
하시모토 류타로 (橋本 龍太郎)	1996.1.11.-1997.9.11.	1	1996.7.29.	사적 참배 명시
고이즈미 준이치로 (小泉純一郎)	2001.4.26.-2006.9.26.	6	2001.8.13. 2002.4.21. 2003.1.14. 2004.1.1. 2005.10.17. 2006.8.15.	
아베 신조 (安倍晋三)	2013.12.26.-2020.9.16.	1	2013.12.26.	

부의 식민지배와 침략전쟁에 대한 역사인식에 깊은 관심을 두게 되었다. 그런데 1985년 나카소네 총리가 모든 각료를 대동하고 야스쿠니신사를 참배한 것이다. 일본 정부가 앞으로는 당당하게 식민지배와 침략전쟁을 정당화하겠다는 신호나 마찬가지였다. 도저히 용납할 수 없는 일이었다.

한국과 중국이 야스쿠니신사 참배를 비판하자 나카소네 총리는 1986

년부터는 "A급 전범 합사는 침략당한 상대방 국민의 감정을 자극한다." 며 참배를 중지했다.

총리 참배가 다시 문제가 된 것은 고이즈미 준이치로 총리의 야스쿠니신사 참배였다. 고이즈미 총리는 2001년 자민당 총재선거에서 총리가 되면 야스쿠니신사를 참배하겠다고 약속했다. 그는 총리 취임 후부터 2006년까지 매년 1회 야스쿠니신사를 참배했다. 고이즈미 총리는 자신은 약속을 지키는 정치가라는 이미지를 국내정치에 적극적으로 활용했다. 그 수단으로 이용된 것이 야스쿠니신사 참배였다. 하지만 대외적으로는 이웃 나라와의 갈등을 불러일으켰다.

고이즈미 총리의 야스쿠니신사 참배로 인한 외교 갈등을 해결한 것은 그 후임인 아베 신조(安倍晋三) 총리였다. 아베 총리는 야스쿠니신사를 참배하지 않음으로써 냉각되었던 한일, 중일 간 외교 관계를 회복하려 했다. 그러나 다시 집권한 그는 2013년 12월 26일 야스쿠니신사를 참배함으로써 갈등을 불러일으켰다.

한국 정부는 "야스쿠니신사는 동아시아를 전쟁의 참화로 몰고 간 도조 히데키를 비롯하여 조선 총독으로서 징병 · 징용 · 공출 등 각종 수탈 통치로 우리 민족에게 형언할 수 없는 고통과 피해를 안긴 고이소 쿠니아키 등 용서받을 수 없는 전쟁범죄자들을 합사하고 있는 반역사적 시설물"이라며 이러한 시설을 참배한 것은 "그의 잘못된 역사인식을 그대로 드러낸 것으로서, 한 · 일 관계는 물론 동북아시아의 안정과 협력을 근본부터 훼손시키는 시대착오적 행위"라고 비판했다.

중국 외무성은 "국제적 정의를 공공연히 도발하고 인류의 양식을 짓밟은 것"이라고 항의했다.

야스쿠니신사를 참배한 아베 신조 총리(2013.12.23.).
출처: 연합뉴스

주일 미국대사관도 이례적으로 "일본은 중요한 동맹국이자 우호국이지만 일본 지도자가 주변 국가와의 긴장을 격화시키는 행동을 한 것에 실망하고 있다"는 성명을 발표했다.

일본 총리의 야스쿠니신사 참배 문제의 쟁점은 크게 두 가지다. 첫 번째는 총리 참배가 침략전쟁을 정당화하는 것인지, 아니면 국가를 위해 목숨을 바친 사람들에게 국가 지도자가 경의와 감사를 표하는 것이기 때문에 국제적으로도 용인되는지 여부다. 아베 총리는 2013년 4월 13일 국회(중의원)에서 야스쿠니신사 참배에 대해 "(알링턴 국립묘지에는) 노예제도를 유지하려고 한 남군 병사도 모셔져 있지만, 대통령은 노예제도를 긍정해서 (참배하러) 가는 것은 아니다. 국가를 위해 돌아가신 숭고한 영혼에게 경의를 표하는 것이다"고 발언했다.

일본 정부는 매년 8월 15일 전국전몰자추도식을 개최한다. 여기에 총리가 참석해서 전사자를 포함한 전쟁희생자에게 경의와 감사를 담은 추도사를 낭독한다. 이것을 비판하는 나라는 없다. 일본의 정치 지도자가 자국의 전사자에게 경의와 감사를 표하고 추도하는 것 자체를 비판하는 것은 아니다. 야스쿠니신사가 일본의 식민지 지배와 침략전쟁을 미화하는 시설이기 때문에 문제가 되는 것이다. 특히 A급 전범 합사가 문제가 되고 있다. 침략전쟁을 주도한 혐의로 유죄 판결을 받은 A급 전범도 신으로 모시고 있는 곳에 정치적 상징성을 가지고 있는 총리가 참배하는 것은 샌프란시스코 강화조약에 기반을 둔 국제질서를 부정하는 것이다.

그리고 1985년 5월 미국의 레이건 대통령이 나치무장친위대 49명도 매장된 독일 비트부르크 묘지를 참배한 것이 미국 의회는 물론 유럽에서 거센 비판을 받은 사례에서 볼 수 있듯이, 국가 지도자가 전범이 포함된 시설을 방문하는 것은 국제사회에서도 용인되지 않고 있다. 독일 앙겔라 메르켈 총리의 대변인 슈테펜 자이베르트는 아베 총리가 야스쿠니신사를 참배한 직후 기자회견(2013.12.30.)에서 "일반적으로 모든 나라는 20세기의 끔찍한 사건에서 자신들의 역할에 정직하게 책임을 져야 한다"라고 지적했다.

두 번째는 총리 참배가 일본 헌법 20조와 89조에 규정된 종교 활동에 해당되는지 여부다. 총리의 야스쿠니신사 참배는 헌법의 정교분리원칙을 위반하는 것이라는 소송이 제기되어 왔는데, 그 개요는 〈표 6〉과 같다.

아베 총리 참배 위헌소송(도쿄)에는 일본, 한국, 중국, 독일, 홍콩 등의 시민 633명이 원고로 참여했다. 소송을 이끌고 있는 「아베 야스쿠니 참배 위헌 소송 모임 · 도쿄」는 "총리의 참배는 과거의 침략전쟁을 반성하지 않고, 그것이 자존자위(自存自衛) 전쟁이었다고 표명하고 전쟁지도자를 포함

〈표 6〉 야스쿠니신사 참배 위헌소송 판결 개요

	소송명 (제소연월)	판단(정교분리 위헌 여부)		
		지방법원	고등법원	대법원
1	나카소네 야스히로 총리 야스쿠니신사 참배 위헌 소송			
	① 하리마播磨(1985.11.)	기각(1990.3.)	기각 확정(1993.3.)	
	② 간사이關西(1985.12.)	기각(1989.11.)	기각/위헌 소지 강함 확정(1992.7.)	
	③ 규슈九州(1986.6.) -피고: 나카소네 -피고: 국가	기각(1988.2.) 기각(1989.12.)	기각 확정(1988.11.), 기각/계속하면 위헌 확정(1992.2.)	
2	고이즈미 준이치로 총리 야스쿠니신사 참배 위헌 소송			
	① 규슈九州 · 야마구치山口(2001.11.)	기각/위헌 확정 (2004.4.)		
	② 시고쿠四国(2001.11.)	기각(2004.3.)	기각(2005.10.)	기각(2006.6.)
	③ 오사카大阪(2001.11.)	기각(2004.2.) 기각(2004.5.)	기각(2005.7.) 기각/위헌 확정(2005.9.)	기각(2006.6.)
	④ 도쿄東京(2001.12.)	기각(2005.4.)	기각(2005.9.)	기각(2006.3.)
	⑤ 치바千葉(2001.12.)	기각(2004.11.)	기각(2005.9.)	기각(2006.6.)
	⑥ 오키나와沖縄(2002.9.)	기각(2005.1.)	기각(2005.10.)	기각(2007.4.)
3	아베 신조 총리 야스쿠니신사 참배 위헌 소송			
	① 간사이關西(2014.4.)	기각(2016.1.)	기각(2017.3.)	기각(2017.12.)
	② 도쿄東京(2014.4.)	기각(2017.4.)	기각(2018.10.)	기각(2019.11.)

한 전사자를 신으로 떠받드는 특이한 전쟁신사인 야스쿠니신사를 국가가 공식으로 인정하는 것을 의미합니다. 그러한 총리의 태도가 평화주의에 반한다는 것을 검증합니다. 그리고 야스쿠니신사 그 자체를 문제 삼습니다"라고 소송 의의를 설명했다. 총리 참배 위헌소송은 총리가 종교시설인 신사를 참배한 것만을 문제 삼는 것이 아니라, 동시에 야스쿠니신사가 침략전쟁을 정당화하는 시설이라는 점을 비판하고 있다.

소송에서 원고는 헌법 위반이라는 판결을 끌어내는 데 중점을 두었다. 따라서 법원이 소송 자체는 기각하면서도 총리 참배는 헌법 위반이라고 판

아베 총리 야스쿠니신사 참배 위헌 소송.

출처: 연합뉴스, 2014.4.21.

결을 하면, 항소나 상고를 단념하고 이를 판례로 남기는 전략을 구사했다. 지방법원과 고등법원에서는 총리의 야스쿠니신사 참배는 총리가 직무로서 한 것이기 때문에 헌법의 정교분리원칙을 위반하는 것이라는 판결이 2건, 위헌 소지가 강하다거나 계속하면 헌법 위반이라는 판결이 2건 나왔다.

후쿠오카(福岡) 지방법원 판결(2004.4.9.)

본건 참배는 종교와 관련성을 가진 것으로, 그 행위가 일반인이 종교적 의의가 있는 것으로 받아들여, 헌법상의 문제가 있을 수 있다는 것을 알고 있으면서도 한 것으로, 그 효과는 신도의 교의를 확산하는 종교시설인 야스쿠니신사를 원조, 조장, 촉진하는 것이라 할 수 있으므로 헌법 제 20조 3항이 금지하고 있는 종교 활동에 해당한다고 인정하는 것이 타당하다.

15

독일의 국립 중앙 전쟁희생자 추도소(노이에 바헤)가 주는 교훈

독일은 일본과 마찬가지로 제2차 세계대전이 끝난 후 전범재판을 받았다. 독일이 전쟁희생자를 추도하는 방식은 일본과 매우 다르다. 물론 일본과 독일의 전쟁범죄 내용과 전쟁이 끝난 후 두 국가가 놓여있던 상황은 달랐다. 문제는 과거의 잘못과 어떻게 마주하고 대응했냐는 것이다. 독일의 국립 중앙 전쟁희생자 추도소(노이에 바헤)는 모든 전쟁희생자와 나치에 의한 희생자를 추도하는 시설이다. 이곳은 독일의 침략전쟁과 나치에 의해 학살된 모든 사람을 전쟁과 폭력지배의 희생자로 추모한다. 1985년 5월 8일 폰 바이체커 서독 대통령은 종전 40주년 기념 연설에서 다음과 같이 전쟁과 폭력지배의 희생자를 애도했다. 이 연설이 노이헤 바헤 추도문에 반영되었다.

많은 독일인은 스스로 국가의 대의를 위해 싸우고 어려움을 견뎠다고 믿고 있습니다. 하지만 전부 쓸데없고 무의미했을 뿐만 아니라 범죄적인 지도자들의 비인도적 목적 때문이었다는 것이 명확해졌습니다. …

우리는 오늘 전쟁과 폭력지배로 희생된 모든 사람들을 애도하고 기억합니다. 특히 독일 강제수용소에서 목숨을 빼앗긴 600만 명의 유대인을 생각합니다. 전쟁에서 고통을 당한 모든 민족, 그 가운데서도 소련 · 폴란드의 무수한 죽은 사람을 생각합니다. ……

노이에 바헤 추도문과 시설

〈추도문〉

노이에 바헤는 전쟁과 폭력지배의 희생자를 추도하고 기념하는 장소이다.
우리는 추도한다, 전쟁에 의해 고통 받은 여러 민족을.
우리는 추도한다, 박해를 당하고 목숨을 잃은 그 시민들을.
우리는 추도한다, 세계 전쟁의 전몰병사들을.
우리는 추도한다, 전쟁과 전쟁의 결과에 의해 고향에서, 또 포로가 되어 그리고 추방당하여 목숨을 잃은 죄 없는 사람들을.
우리는 추도한다, 살해당한 수백만 명의 유대인들을.
우리는 추도한다, 살해당한 신티와 로마들을.
우리는 추도한다, 혈통이나 동성애 때문에 혹은 질환이나 병약함 때문에 살해당한 모든 사람들을.
우리는 추도한다, 살 권리를 부정당하고 살해당한 모든 사람들을.
우리는 추도한다, 종교적 또는 정치적인 신념을 위해 죽을 수밖에 없었던 인간들을.
우리는 추도한다. 폭력지배의 희생자가 되어 죄 없이 죽음을 맞이한 모든 사람들을.
우리는 추도한다, 폭력지배에 맞서 저항하고 그 목숨을 희생당한 여자들과 남자들을.
우리는 기린다. 양심을 굽히느니 차라리 죽음을 받아들인 모든 사람들을.
우리는 추도한다. 1945년 이후에 전체주의적 독재에 저항하다가 박해받고, 그리고 살해당한 여자들과 남자들을.

〈시설〉

전경.

내부에는 케테 콜비츠(Kathe Kollwitz, 1867-1945)의 '죽은 자식을 끌어안은 어머니상'과 '전쟁과 폭력 지배의 희생자들에게'라는 글귀만이 놓여있다. (남상구 소장)

〈시설〉

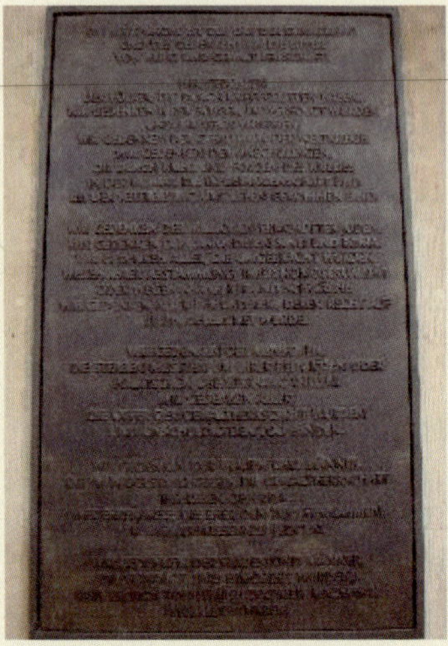

추도문(입구 오른쪽). (남상구 소장)

노이에 바헤는 독일군을 높이 떠받들고 이를 통해 애국심을 교육하는 시설이 아니다. 전쟁과 폭력지배의 희생자를 추도하는 시설이다. 가해자와 피해자를 희생자라는 이름으로 함께 추도하는 것을 비판하는 목소리도 있으나, 독일의 침략을 받았던 프랑스와 러시아의 대통령 등 외국 정상들도 이곳을 공식 참배했다.

16

한국인 무단합사 철폐를 위한 소송

야스쿠니신사에 합사된 많은 한국인은 일본의 침략전쟁에 강제로 끌려가서 사망한 피해자들이다. 그런데 야스쿠니신사는 이들을 식민지 지배의 피해자가 아니라 일본의 독립을 지키기 위해 싸우다가 희생당했다고 주장한다. 그리고 "전사한 시점에서는 일본인이었으므로 사망한 후에도 당연히 일본인이다. 그리고 일본 병사로서 죽으면 야스쿠니신사의 신으로 모셔진다는 생각으로 싸우다 죽었으므로" 유족의 요청이 있어도 합사를 취하하는 것은 불가능하다고 주장하고 있다.

야스쿠니신사에는 한국을 침략하는 과정에서 사망한 일본 군인과 경찰, 극동국제군사재판(도쿄재판)에서 침략전쟁을 주도한 혐의로 사형당하거나 수감 중에 사망한 A급 전범 14명도 신으로 모셔져 있다. 이러한 신사에 한국인 강제동원 피해자를 합사한 것은 일본의 식민지 지배를 정당화하는 것이다. 또한, 피해자는 물론 그 유족의 명예와 인권을 훼손하는 것이다.

한국의 유족들은 부친이나 오빠, 형, 동생이 야스쿠니신사에 합사됐다는 통보를 받지 못했다. 합사 사실을 전혀 모르고 있었다. 유족들은 1990년대 들어와 일본 정부를 상대로 강제동원 피해 보상을 요구하는 소송을 하다가 야스쿠니신사 합사 사실을 알게 되었다. 유족들은 2001년부터 합사 철폐를 요구하는 소송을 시작했다. 야스쿠니신사 합사 철폐 소송은 일본인 유족을 포함하여 5건이 제기되었는데 그 개요는 다음과 같다.

합사 철폐 소송 3건은 대법원에서 기각되었다. 1건은 고등법원 기각

〈표 7〉 야스쿠니신사 무단합사 철폐소송 개요

<table>
<tr><th rowspan="2">제소 법원</th><th rowspan="2">제소 연월</th><th rowspan="2">원고</th><th colspan="3">판결</th><th rowspan="2">주요 청구내용</th></tr>
<tr><th>지방 법원</th><th>고등 법원</th><th>대법원</th></tr>
<tr><td>도쿄(東京)1</td><td>2001.6.</td><td>한국인 피해자, 유족 416명</td><td>기각(2006.5.)</td><td>기각(2009.10.)</td><td>기각(2011.12.)</td><td>• 일본 정부는 야스쿠니신사 합사통지를 철회하고 정신적 피해에 대해 손해배상을 할 것.
※ 강제동원 피해 보상 소송과 병행.</td></tr>
<tr><td>오사카(大阪)</td><td>2006.8.</td><td>일본인 유족 8명</td><td>기각(2009.2.)</td><td>기각(2010.12.)</td><td>기각(2011.12.)</td><td rowspan="4">• 야스쿠니신사는 제신명표, 제신부, 영새부에서 원고 유족의 기록을 삭제할 것.
• 일본 정부는 야스쿠니신사에 대한 합사 통지를 철회하고 정신적 피해에 대한 위자료를 지급할 것.</td></tr>
<tr><td>도쿄(東京)2</td><td>2007.2.</td><td>한국인 유족 10명, 생존자 1명</td><td>기각(2011.7.)</td><td>기각(종결)(2013.10.)</td><td></td></tr>
<tr><td>오키나와(沖縄)</td><td>2008.3.</td><td>일본인 유족 5명</td><td>기각(2010.10.)</td><td>기각(2011.9.)</td><td>기각(2012.6.)</td></tr>
<tr><td>도쿄(東京)3</td><td>2013.10.</td><td>한국인 유족 27명</td><td>기각(2019.5.)</td><td>진행 중</td><td></td></tr>
</table>

후 상고를 하지 않아 재판이 종결됐다. 2013년 10월에 제소한 소송은 현재 2심 재판이 진행 중이다.

합사 철폐 소송에서 쟁점이 되는 것은 첫째, 야스쿠니신사 합사 때문에 피해자가 침해당한 인격권을 법적 권리로 인정할 수 있는지다. 소송에서 원고는 야스쿠니신사 합사로 인한 피해는 개인의 사적 영역을 문제로 삼는 것이 아니라 "일본국에 의한 조선 지배 및 피항소인 야스쿠니신사가 그 정신적 지주로 행한 역할 등 역사적 사실과 이러한 역사적 사실을 배경으로 한 가해와 피해의 구조를 요소로 하는 특수한 인격권"에 기초한 것이라고 주장했다.

원고가 식민지 피해라는 역사적 사실을 강조한 것은 1988년 야마구치(山口) 호국신사 자위대원 합사 소송에 대한 일본 대법원의 판결을 염두에 두었기 때문이었다. 1968년 1월 12일 순직한 자위대원을 자위대원 출신자들이 만든 모임에서 유족의 의사를 묻지도 않고 야마구치현 호국신사에 합사했다. 유족이 종교의 자유를 침해당했다면서 합사 철회를 요구하는 소송을 했는데, 일본 대법원은 1988년 6월 1일 헌법에 보장된 종교의 자유는 타자의 신앙에 기초한 행위에 대해 관용적이어야 한다며 종교상의 인격권 침해를 인정하지 않았다. 타자의 종교 행위 때문에 감정이 상하거나 불쾌감 혹은 혐오감을 느끼는 것은 법으로 보호할 이익에 해당하지 않으며, 관용으로 받아들여야 한다는 것이다.

도쿄지방법원(2011.7.)도 "한국 국적을 가진 원고들이 식민지 시대에 일본국에 징병 · 징용되어 제2차 세계대전의 전장에 가 사망한 자의 유족임을 고려할 때 피고 야스쿠니신사에 의한 이 사건 합사 행위 등에 대해 강한 거부 의사를 표시하고 있는 것 자체에 대해서는 원고들의 역사인식

등을 전제로 하면 이해할 수 없는 것은 아니다"고 인정을 하면서도, 1988년 대법원판결을 근거로 원고의 주장을 기각했다. 모든 소송이 이러한 논리로 기각당했다.

둘째, 일본 정부가 야스쿠니신사 합사에서 수행한 역할에 대해 법적인 책임을 물을 수 있는지다. 일본 정부는 야스쿠니신사에 피해자 개인 자료를 제공한 것은 일반적인 행정사무의 범위 내에서 이루어진 것이고 합사는 야스쿠니신사의 결정에 따른 것이라고 주장했다. 하지만 오사카고등법원은 2010년 12월 "국가가 개인정보를 신사 측에 제공한 것은 종교 행위의 원조·조장에 해당하는 것으로 헌법의 정교분리원칙에 위배된다"며, "합사에 국가의 협력이 불가피했다고까지 얘기할 수 없으나 합사의 원활한 실행에 큰 역할을 했다는 것이 명백하다"고 판결했다.

야스쿠니신사 합사 철폐 소송 공판을 앞두고 원고인 남영주와 박남순이 도쿄지방법원 앞에서 변호사, 일본 지원단체 관계자 등과 함께 항의 문구가 적힌 현수막을 들고 있다.
출처: 연합뉴스, 2014.7.9.

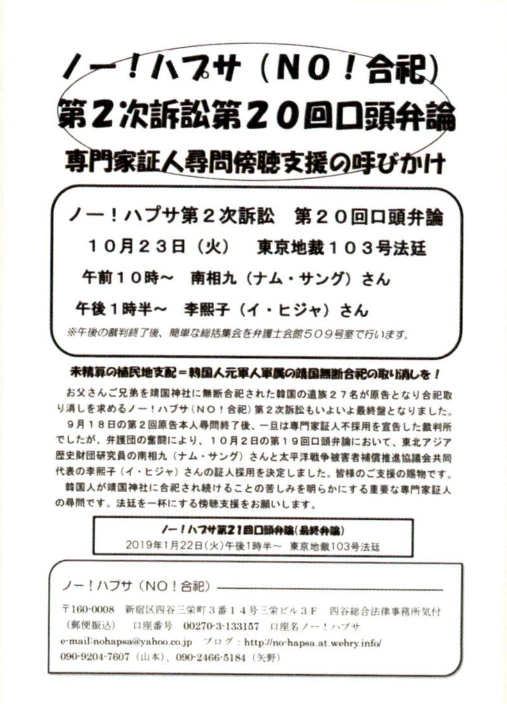

ノー！ハプサ（NO！合祀）
第２次訴訟第２０回口頭弁論
専門家証人尋問傍聴支援の呼びかけ

ノー！ハプサ第２次訴訟　第２０回口頭弁論
１０月２３日（火）　東京地裁１０３号法廷
午前１０時～　南相九（ナム・サング）さん
午後１時半～　李熙子（イ・ヒジャ）さん
※午後の裁判終了後、簡単な総括集会を弁護士会館５０９号室で行います。

未精算の植民地支配＝韓国人元軍人軍属の靖国無断合祀の取り消しを！

お父さんご兄弟を靖国神社に無断合祀された韓国の遺族２７名が原告となり合祀取り消しを求めるノー！ハプサ（ＮＯ！合祀）第２次訴訟もいよいよ最終盤となりました。

９月１８日の第２回原告本人尋問終了後、一旦は専門家証人不採用を宣告した裁判所でしたが、弁護団の奮闘により、１０月２日の第１９回口頭弁論において、東北アジア歴史財団研究員の南相九（ナム・サング）さんと太平洋戦争被害者補償推進協議会共同代表の李熙子（イ・ヒジャ）さんの証人採用を決定しました。皆様のご支援の賜物です。

韓国人が靖国神社に合祀され続けることの苦しみを明らかにする重要な専門家証人の尋問です。法廷を一杯にする傍聴支援をお願いします。

ノー！ハプサ第21回口頭弁論(最終弁論)
2019年1月22日(火)午後1時半～　東京地裁103号法廷

ノー！ハプサ（NO！合祀）
〒160-0008　新宿区四谷三栄町３番１４号三栄ビル３Ｆ　四谷総合法律事務所気付
（郵便振込）　口座番号　00270-3-133157　口座名ノー！ハプサ
e-mail:nohapsa@yahoo.co.jp　ブログ：http://no-hapsa.at.webry.info/
090-9204-7607（山本）、090-2466-5184（矢野）

일본 시민들이 자발적으로 야스쿠니신사 무단합사 철폐 소송 지원단을 만들어 소송을 지원하고 있다. 지원단체에서 만든 제2차 소송 20회 구두변론 청취와 지원을 호소하는 안내문이다.

개인의 자료를 유족의 동의 없이 제공한 것도 문제지만 제공 자체를 정당화하는 논리는 더 문제다. 도쿄고등법원(2013.10.)은 일본 정부가 야스쿠니신사에 피해자 개인 자료를 제공한 것은 "전후처리 문제의 하나로 당시 국회 답변에서 찾을 수 있듯이 전쟁에서 순직한 자 또는 그 유족이 피항소인 야스쿠니신사 합사를 바라고 있었다고 충분히 믿을 만한 합리적 이유가 있었던 상황에서" 이루어졌다고 주장했다. 유족이 야스쿠니신사 합사를 원했다는 것이다. 이에 대해 원고는 "일본의 침략전쟁에 의해 사랑하는 가족을 강제적으로 빼앗겨, 전사를 당한 고통을 맛보며 고통스러운 인생을 강요당한 원고들에게 그 침략전쟁의 정신적 지주이고 침략자들이 합사된 야스쿠니신사에 사랑하는 아버지 · 형제가 합사된 것은 우롱당하고 모욕당하는 것 이외의 아무것도 아니다"고 비판했다.

대한민국 헌법은 일본제국주의와 맞서 싸운 대한민국 임시정부의 법통을 근간으로 하고 있다. 강제동원 피해자를 일본을 위해 싸우다 희생됐다며 일방적으로 합사한 야스쿠니신사의 논리는 대한민국의 헌법정신을 부정하는 것이다.

원고들의 목소리

그런데 거기서 아버지가 합사되었다는 표기를 보고 눈을 의심했습니다. 합사되어 있다는 것을 의미하는 '합사제'라는 도장을 본 순간 큰 충격을 받았습니다. 아버지는 '천황'을 위해 목숨을 바친 것이 아니라 강압에 의해 어쩔 수 없이 동원되어 목숨을 잃은 것입니다. 어린 시절 친구에게 '너희 아버지는 일본군이었지?'라는 말을 듣고 괴로워한 적이 있었습니다. 아버지께서 야스쿠니신사에 합사되어있다는 것은 우리들에게 끝없는 불명예입니다. 우리 가족들에게 통지도 하지 않고, 애초에 의논도 하지 않고 멋대로 합사한 것은 우리들에게는 매우 굴욕적이라고 말할 수밖에 없습니다. 너무 억울합니다. 야스쿠니신사에 합사되어 있는 지금 상태라면 제 아버지는 일본군에 지원한 것이 되고 또 전범으로 모셔지고 있는 것이 됩니다. 그리고 모셔달라고 유족이 부탁한 것처럼 오해를 살 수 있습니다. 이런 것은 유족으로서 참을 수 없는 것입니다. 이는 우리 가족들 모두가 마찬가지로 함께 느끼는 것입니다.

(고몽찬/ 고인형 원고의 아버지 고몽찬은 1920년 6월 22일생으로 1942년 3월 육군군속으로 강제동원되었다가 1944년 9월 뉴기니아에서 사망했다. 유족에 통보도 없이 1959년 4월 일방적으로 야스쿠니신사에 합사되었다.)

또한 저는 일본이 평화헌법을 바꿔 다시 전쟁을 할 수 있는 나라로 변하고 있는 것에도 큰 우려를 갖고 있습니다. 그리고 야스쿠니신사에 합사된 아버지가 그러한 일본 정부의 움직임에 정치적으로 이용되고 있다는 사실도 도저히 용서할 수 없습니다. 일본 정부와 야스쿠니신사는 너무 늦었지만 지금이라도 유족들에게 진심으로 사죄하고 자신들의 책임을 다해야 할 것입니다. 저는 하루라도 빨리 제 아버지의 이름을 야스쿠니신사에서 뺄 것을 다시 한 번 강력하게 요구합니다.

(최상남/ 최상남 원고의 아버지 최판룡은 1920년 3월 4일생으로 1941년 육군으로 강제동원되었다가 1945년 7월 22일 미얀마에서 사망했다. 유족에 통보도 없이 1959년 4월 일방적으로 야스쿠니신사에 합사되었다.)

저는 오늘 이 법정에서 분명히 말씀 드리지만 왜 아버지를 야스쿠니신사에 합사했는지 묻지 않겠습니다. 따지고 싶지도 않습니다. 당장 야스쿠니신사에서 제 아버지 이름을 빼라고 강력하게 요구할 뿐입니다. 제 아버지는 한국사람이지 일본 사람이 아닙니다. '천황'을 위해 죽어간 사람이 아닙니다. 일본이 일으킨 전쟁 때문에 젊은 나이에 죽어간 것도 억울한데 야스쿠니신사에 합사되어 있다니 저는 도저히 용서할 수가 없습니다. 사랑하는 가족들이 멀쩡히 살아있는데 사망했다는 것도 알려주지 않고 합사하겠다고 묻지도 않았다니 그게 말이 됩니까. 지금도 식민지 시대입니까. 저는 제 아버지의 이름을 야스쿠니신사에서 당장 빼줄 것을 다시 한 번 강력히 요구합니다.

(동정남/ 동정남 원고의 아버지 동선홍은 1911년 1월 9일생으로 1943년 해군 공원으로 강제동원되었다가 1944년 10월 25일 북태평양에서 사망했다. 유족에 통보도 없이 1959년 10월 일방적으로 야스쿠니신사에 합사되었다.)

17

야스쿠니신사 문제 해결을 위한 국제 시민연대

야스쿠니신사는 국가의 명령에 따라 전쟁에 나가 싸우다 죽는 것에 최고의 가치를 부여하는, 국가에 대한 무조건적인 충성을 강요하는 시설이다. 1982년 일본 문부성이 '침략'을 '진출'로 수정하게 했다고 해서 문제가 되었을 때, 일본유족회는 "대륙에서의 전쟁이 '침략'이 된다면 야스쿠니신사에 모셔진 영령은 '침략자'가 된다"며 관방장관에게 선처를 바라는 요망서를 제출했다. 전사자를 국가를 위한 죽음으로 높이 떠받드는 것과 침략전쟁을 인정하는 것은 양립할 수 없음을 보여준다. 야스쿠니신사가 전사자 현창·위령을 목적으로 하는 한 침략전쟁을 정당화할 수밖에 없다.

야스쿠니신사에 합사된 한국인 문제는 동 신사가 영새부라는 명부에서 한국인들의 이름을 삭제하고 더는 한국인들을 신으로 모시지 않는다고 선언할 때 해결될 수 있다. 그러나 야스쿠니신사가 종교법인의 외피를 쓰고 종교적 교의를 내세워 이를 거부하고 있다. 일본 사법부는 종교적 관용을 내세우고 있고 일본 정부는 야스쿠니신사가 종교시설이기 때문에 정부가 간섭하는 것은 헌법의 정교분리원칙을 위반하는 것이라고 주장한다.

그렇다면 야스쿠니신사에 합사된 한국인 문제를 해결하는 방법은 무엇일까? 첫째, 앞서 설명한 야스쿠니신사 한국인 무단합사의 문제점을 국내외에 알려서 이 문제 해결에 대한 공감대를 확산시키는 것이다. 유엔 등의 국제인권기구를 적극적으로 활용하기 위한 노력이 필요하다. 남북 간 교류가 가능해지면 남북 공동의 피해라는 차원에서 함께 해결방안을 논의하는 것도 이 문제에 대한 여론을 환기하는 데 도움이 될 것이다. 식민지 지배에 대한 잘못된 역사인식을 바로잡는 것은 한국만의 문제가 아니라 식민지 지배를 당한 모든 국가의 문제라는 세계사적인 접근도 필요하다.

둘째, 야스쿠니신사가 일본 정부의 협력 없이 한국인을 동 신사에 합사시키는 것이 불가능했다는 것은 명백하게 밝혀진 사실이다. 합사에 대한 최종 결정은 야스쿠니신사가 했다고 하더라도 그 결정이 일본 정부가 제공한 자료를 근거로 했다는 사실은 일본 정부도 부인하지 못할 것이다. 따라서 일본 정부는 유족의 동의 없이 피해자의 개인 자료를 야스쿠니신사에 제공했고 그 결과 유족의 의사에 반하여 피해자가 동 신사에 합사된 사실에 책임을 져야 한다. 일본 정부는 정교분리원칙 뒤에 숨을 것이 아니라 야스쿠니신사에 합사된 한국인이 일본을 위해 사망한 것이 아니라 강제동원 피해자라는 사실을 전시하고 교육할 수 있는 시설을 만들어야 한다. 현재 시베리아 억류자, 일본인 유족, 일본인 전사상자를 기념하고 기억하기 위한 시설들은 있으나 강제동원 피해자를 기억하기 위한 시설은 없다. 일본 역대 내각은 일본이 식민지 지배와 침략전쟁으로 다대한 손해와 고통을 끼친 것에 대해 반성하고 사죄를 표명한 1995년 무라야마 담화를 계승한다고 밝혔다. 일본 정부가 야스쿠니신사의 왜곡된 역사관을 바로잡기 위한 시설을 만드는 것이야말로 무라야마 담화를 계승하고 있다는 진정성을 보여주는 길이고, 야스쿠니신사에 합사된 한국인 피해자의 명예를 조금이나마 회복하는 길이다.

고이즈미 준이치로 총리 야스쿠니신사 참배를 계기로 일본과 한국을 비롯한 여러나라 시민들은 2006년 '야스쿠니신사 반대 공동행동'을 결성해 국제연대 활동을 해오고 있다. 야스쿠니신사를 반대하는 일본 유족들은 아버지의 죽음은 국가를 위한 죽음이 아니라 '개죽음'이었다고 말한다. 더는 아버지와 같은 부조리한 죽음을 만들어서는 안 된다는 신념에

야스쿠니신사 문제 해결을 위한 국제공동행동.
출처: 연합뉴스, 2016.8.13.

서 야스쿠니신사를 반대한다.

평화로운 공존을 바라는 시민들의 마음이 국제공동연대의 토대가 되고 있다. 국가의 명령에 무조건 복종하는 것이 미덕이 아니고 국가가 잘못했을 때는 아니라고 말할 수 있어야 한다. 혼자가 힘들면 시민이 함께 나서서 이를 바로잡아야 한다. 평화적 생존은 저절로 얻어지는 것이 아니라 시민의 연대를 통해 만들어 가는 것이다. 야스쿠니의 어둠에 평화의 등불을 밝히기 위한 싸움은 우리 모두의 미래를 위한 것이다.

야스쿠니신사 문제 해결을 위한 국제공동행동(도쿄, 2017.8.12.).(남상구 소장)

참고문헌

- F. A. 매켄지 지음, 신복룡 역주, 1999, 『대한제국의 비극』, 집문당.
- 강경민, 2012, 「야스쿠니 소송의 경과와 쟁점」, 『역사와 책임』 제3호.
- 강효숙, 2008, 「황해 · 평안도의 제2차 동학농민전쟁」, 『한국근현대사연구』 47.
- 곽진오, 2006, 「글로벌화와 일본 민족주의: 야스쿠니신사의 사례를 중심으로」, 『일본학보』 제68집.
- 김광열, 2009, 「전쟁 책임에 대한 현대 일본 사회의 인식 – 야스쿠니신사 한국인 합사 문제를 중심으로 – 」, 함동주 · 김광열 · 임현순, 『근현대 일본의 한국 인식』, 동북아역사재단.
- 김상기, 2009, 「한말 일제의 침략과 義兵 虐殺」, 『역사와 담론』 52.
- 남상구 편, 2019, 『식민 청산과 야스쿠니』, 동북아역사재단.
- 남상구 편, 2019, 『20개를 주제로 본 한일 역사 쟁점』, 동북아역사재단.
- ____, 2005, 「전후 일본에 있어서의 전몰자 추도시설을 둘러싼 대립: 야스쿠니신사와 지도리카후치전몰자묘원을 중심으로」, 『한일관계사학회』 제22집.
- ____, 2006, 「야스쿠니신사 합사 문제에 관한 고찰」, 『일본사상』 제10호.
- ____, 2010, 「한국 · 한국인과 야스쿠니신사 문제」, 『한일관계사연구』 제35집.
- ____, 2015, 「야스쿠니신사 문제의 현황과 연구동향」, 『동북아역사논총』 제50호.
- 노기 가오리, 2009, 「야스쿠니신사의 한국인 합사에 관한 연구」(2008년도 동북아역사재단 국내외 신진연구자 육성 사업 연구결과보고서).
- 노길호, 1996, 『일본의 굴레 야스쿠니신사』, 문창출판.
- 동북아역사재단 편, 2014, 『야스쿠니신사에 묻는다-야스쿠니신사 무단합사 철폐소송-』, 동북아역사재단.
- 마크 셀든, 2008, 「전쟁과 역사의 기억 그리고 아태지역의 미래-미일과 야스쿠니 문제-」, 『동북아역사논총』 제28호.
- 박규태, 2000, 「야스쿠니(靖國) 신사와 일본의 종교문화」, 『종교문화연구』 제2권.
- ____, 2008, 「야스쿠니의 신화 : 현대일본의 종교와 정치」, 『종교연구』 제50호.

- 박맹수, 2018, 「일본군의 동학농민군 학살기록」, 『한국독립운동사연구』 63.
- 박은식 저, 남만성 역, 1979, 『韓國獨立運動之血史(上)』, 서문당.
- 박진우, 2007, 「국가신도와 야스쿠니신사, 초혼사의 통합과정에 대한 재검토」, 『일본사상』 제12권.
- ____, 2009, 「한국에서 본 야스쿠니 문제」, 『일본역사연구』 제30집.
- 박찬승, 「동학농민전쟁기 일본군 · 조선군의 동학도(東學徒) 학살」, 『역사와 현실』 54
- 송경섭 · 김광열, 2013, 「開港期 朝鮮에서 死亡한 日本軍의 야스쿠니(靖國)神社 合祀: 江華島事件부터 淸日戰爭까지」, 『한일민족문제연구』 제24호.
- 신영우, 2008, 「1894年 日本軍의 東學農民軍 虐殺」, 『역사와 실학』 35.
- 위나이밍, 2008, 「타이완의 야스쿠니신사 문제: 역사 인식과 충돌」, 『동북아역사논총』 제28호.
- 이규수, 2006, 「야스쿠니 신사참배 논란과 동아시아 근대사 인식」, 『사림』 제26호.
- 일제강점하강제동원피해진상규명위원회, 2007, 『진상조사보고서(Ⅶ-1) : 야스쿠니신사 '한국인' 합사경위 및 합사자 명부 조사』.
- 장신, 2011, 「일제하 조선에서 야스쿠니신사의 표상과 조선인 합사자」, 『역사문제연구』 통권25호.
- 조윤수 편, 2020, 『한 · 일 관계의 궤적과 역사인식』, 동북아역사재단.
- 조진구, 2005, 「일본의 과거 역사인식과 야스쿠니신사 문제」, 『한국과 국제정치』 제21권 제4호 통권 제51호2.
- 지영임, 2013, 「야스쿠니재판을 통해 본 한일 종교관의 쟁점과 해결방안」, 『일본문화연구』 제46호.
- 홍순권, 2008, 「한말 일본군의 의병 학살」, 『제노사이드연구』 3.

- 国立国会図書舘調査立法考査局, 1976, 『靖國神社問題資料集(調査資料;76-2)』.
- 国立国会図書舘国立国会図書館調査及び立法考査局, 2007, 『新編 靖国神社問題資料集』.
- 子安宣邦, 2004, 『国家と祭祀: 国家神道の現在』, 青土社.
- 小堀桂一郎, 1988, 『靖国神社と日本人』, PHP研究所.

- 西山俊彦, 2006,『靖国神社取消し訴訟の中間報告_信教の自由の回復を求めて』サンパウロ.
- 高橋哲哉, 2005,『靖国問題』, 筑摩書房.
- 田中伸尚, 2002,『靖國神社の戦後史』, 岩波書店.
- 田中伸尚, 2007,『靖国訴訟_戦死者の記憶は誰のものか』, 岩波書店.
- 赤澤史朗, 2005,『靖国神社-せめぎあう〈戦没者追悼〉のゆくえ』, 岩波書店.
- 赤澤史朗, 2015,『戦没者合祀と靖国神社』, 吉川弘文館.
- 安倍靖国参拝違憲訴訟の会・東京事務局, 2017, 『安倍靖国参拝違憲訴訟・東京 一審記録集』.
- 靖国神社, 1983,『国神社百年史 資料篇 上』.
- 靖国神社, 1983,『国神社百年史 資料篇 中』.
- 靖国神社, 1984,『国神社百年史 資料篇 下』.
- 靖国神社社務所 編, 1935,『靖国神社忠魂史 第4巻』.
- 大江志乃夫, 1984,『靖国神社』, 岩波書店.
- 又吉盛清, 君塚仁彦, 黒尾和久, 大森直樹 編. 2013,『靖国神社と歴史教育：靖国・遊就館フィ_ル』, 明石書店.
- 松岡勲, 2019『遺児集団参拝と強制合祀』, 航思社.
- 村上重良, 1974,『慰霊と招魂-靖国の思想-』, 岩波書店.
- 歴史教育者協議會, 2002,『Q&Aもっと知りたい靖國神社』, 大月書店.
- 歴史教育者協議会, 2004,『平和博物館・戦争資料館ガイドブック 増補』青木書店.
- 辻子実, 2007,『侵略神社: 靖國思想を考えるために』, 新幹社.
- 辻子実, 2007,『靖国の闇にようこそ: 靖国神社・遊就館非公式ガイドブック』, 社会評論社.

찾아보기

일제침탈사 바로알기 5
아직도 끝나지 않은 식민지 피해 —야스쿠니신사 문제—

초판 1쇄 인쇄 2020년 12월 18일
초판 1쇄 발행 2020년 12월 24일

지은이 남상구
펴낸곳 동북아역사재단

등 록 제312-2004-050호(2004년 10월 18일)
주 소 서울시 서대문구 통일로 81 NH농협생명빌딩
전 화 02-2012-6065
팩 스 02-2012-6189
홈페이지 www.nahf.or.kr
제작·인쇄 (주)동국문화

ISBN 978-89-6187-592-9
978-89-6187-482-3 (세트)